新保育内容シリーズ

【新訂】
子どもと人間関係

人とのかかわりの育ち

大場牧夫・大場幸夫・民秋 言●共著

萌文書林 HOUBUNSHORIN

新訂版はしがき

　本著『子どもと人間関係』の初版は1990年に発行した。今年で18年目に当たる。この間，2000年3月に「改訂初版」を発行しているが，それから数えても，すでに8年を経ている。今年，すなわち2008年は，幼稚園教育要領の改訂がなされ，同時に保育所保育指針の改定がなされたことは周知の通りである。既に告示としての性格をもった幼稚園教育要領は，時代の要請に応えるようにその内容の修正を主とした「改訂」を行っている。これに比べて，保育所保育指針については，今回初めて児童家庭局長「通知」から，厚生労働大臣「告示」へとその構成と内容を大幅に組み立て直して「改定」を行ったのである。いずれもこれまでとは異なり，平成20年3月末日にほぼ同時に公示された。

　今回，本著の『新訂版』を刊行することとした理由は，上述のような動静に対応することにある。新幼稚園教育要領も新保育所保育指針も平成21年4月から施行されることになる。

　そのため，本著もまたそのような流れを読み取り，資料等の不備などの起きないように新たに修正を行うことにした。当然のことであるが，本文の記述内容に関連してくるため，矛盾や不具合の生じないように，調整が必要なところはそれなりに改めることにした。

　ところで，保育や幼児教育の長年にわたる大きな課題であった「生きる力」一つを考えてみても，それは人とのかかわりを通してしか子ども自身のものになりえない。力さえつくなら方法をいとわないと思えるような大人の一方的な"よかれ"は，しばしば「子どもの最善の利益」の誤解に起因している。子どものためを思えばこそ，といってしまえば聞こえがいいが，現実には強制であったり，陰湿なしごきに近い事例さえあとを断たない。子どもの「可能性」さえ，大人の手の内に握られる限り，"やればできる"という到達点に過ぎない結果に陥るのだが，それさえ気づかない大人の例もまた多い。このようなことでは，どんなに子どものためという大義名分に裏打ちされて仕向けられても，結局は子どもの気持ちに届きえない。それどころか，意欲を阻喪し他者との共生の楽しささえ味わうことを逸した幼児期を子どもに押しつけかねないことになる。

　それがまた人間関係を通して為されるということを大人は気づきにくい。関

わりの形成は大人が考えるほど容易いことではない。そのことは保育者であれば経験則によって熟知しているはずである。

今日ますます子どもを取り巻く環境の悪化を憂慮しなければならない状況にある。そのことを想うとき、本著の副題で明示しているように「人とのかかわりの育ち」をこそなによりも最優先すべき保育課題であると痛切に感じている。実践の最先端にある保育現場が、温かで和みのある「人と共に生きる現場」として重要な役割を担っていることを再確認する必要があるのではないか。

そのように考えてみると、本著は、保育・幼児教育への視点として子どもの最善の利益を護る面から見ても、また環境を通して行うという保育理念から考えてみても、なんらぶれることのなく一貫してかかわりの育ちの大切さを主張してきた。その保育観の有効性は、今日なお失っていない。けれども、人との関わりの育ちを支援する保育者の立場に立つなら、実践上の課題は尽きることがないだろう。本著の論述、論考を起点として実践の創意工夫ある取り組みへと繋がることを、われわれは心から期待している。

2008年6月　　　　　　　　　　　　　　　　　　大場幸夫・民秋　言

新訂第2版はしがき

平成29年3月31日に新しい幼稚園教育要領、保育所保育指針、幼保連携型認定こども園教育・保育要領が同時に告示された。これら要領や指針は、その表現や整理の仕方（まとめ方）などにおいて従来のものと若干の違いはあるにしても、本書刊行当時の子ども観、保育観にいささかも齟齬が無いことを再確認する。本書が、急速な社会変化やコロナ禍など時代の荒波に遭っても、尚、読者諸氏の学習に優れて資することを願ってやまない。

2021年1月　　　　　　　　　　　　　　　　　　　　　　　民秋　言

なお、本書の今回の改訂に当たり、故大場牧夫先生ご執筆の第3章に関しましては、ご遺族のご了解を得、弊社編集部にて、新幼稚園教育要領・新保育所保育指針等の内容に従い、必要箇所に限り修正させて頂きました。

（萌文書林 編集部）

初版はしがき

　本書は，1981年に出版した『幼児と社会』──社会指導の理論と実際──を土台としている。
　この本は旧領域「社会」による指導の時代にあって，既に単なる「社会」の解説的な内容を中核とするテキストに問題性を感じ，子どもの発達の側面としての「社会性」とはなにか，社会環境と子どもの育ちの問題，社会性に対する発達的な視点，子どもの人間関係の育ち，子どもにとっての集団の意味，等々のポイントをおさえながら，理論と実践の両面についてきめ細かに触れた特色をもっていた。したがって保育者養成機関においてテキストとして御好評を得てきたが，著者としてさらに嬉しいことに，1990年度より施行・通知された新幼稚園教育要領・新保育所保育指針の内容，特に新領域「人間関係」の内容がほぼ同じような発想であったことである。
　言うまでもなく新しい領域「人間関係」は，単なるこの分野の経験や活動をとりまとめた指導のための分野ではない。新領域は，旧領域が「活動的な到達目標」を類別した分野であったのに対して，子どもの発達を見る視野として，発達の側面とのかかわりで5領域を考えているものである。したがって，領域は相互に密接な関連をもち「相互性」と「総合性」を前提としている。つまり「人間関係」にかかわる側面は，その側面のみを捉えて指導のあり方を論じ実践することはあってはならないのである。人間関係にかかわる育ちは，環境とのかかわりの側面や，言葉の獲得の側面，そして心身の健康にかかわる側面と密接にからみあっていると考え，実践のありようを考えていかなければならないのである。
　特に実践においては，領域「人間関係」のための「活動」という単一なものはあり得ないのであって，それは，遊びを中心とした子どもの全生活の展開の中で育っていくと考えなければならない。
　これまで保育者養成機関では，それぞれの講座に専門性をもった指導を位置づけてきたが，これからの保育者養成における専門性は，まさに子どもの育ちにかかわる総合性についての専門性でなければならないだろう。
　本書は旧著『幼児と社会』における総合的視点を生かし，この新しい保育者

養成の必要性にこたえるべく，内容や表現を点検し，整理し，加筆，修正をした。まだまだ十分なものとは思わないが，各大学や現職の研究会等においてテキスト・参考資料に御使用いただき，その上で改善への御意見をいただければ幸いである。この本を手掛りとして子どもたちが主体的な人間として育つための人的環境が充実されることを切に願うものである。

　最後に，萌文書林の服部・金丸両氏の御努力に心より感謝する次第である。

　　　1990年10月

　　　　　　　　　　　　　　　　　　　　　　　　　　著者代表　大場牧夫

もくじ

第 1 部　発達と環境

第 1 章　子どもの発達と環境 ……………………………………… *2*
 Ⅰ　体験という視点からみた「発達と環境」……………………… *3*
  1．社会性をとらえる新たな視点 ………………………………… *3*
  2．「基本的生活習慣」の問題 …………………………………… *4*
  3．「個性」の問題 ………………………………………………… *6*
  4．「愛着」関係 …………………………………………………… *7*
  5．子どもの事実 …………………………………………………… *8*
  6．仲間の発見：社会的相互作用 ………………………………… *10*
  7．発達の体験 ……………………………………………………… *11*
 Ⅱ　かかわりの視点からみた「発達と環境」……………………… *12*
  1．子どもの内面の力動性 ………………………………………… *12*
  2．発達と環境の相互性 …………………………………………… *13*
  3．生態学的環境 …………………………………………………… *16*
 Ⅲ　援助の視点から ………………………………………………… *17*
  1．子どもからのサイン …………………………………………… *17*
  2．人間関係の回復 ………………………………………………… *19*
  3．指導から援助への視点移動 …………………………………… *20*

第 2 章　子どもが育つ保育環境 …………………………………… *24*
 Ⅰ　子どもの社会化 ………………………………………………… *24*
  1．社会的存在としての人間・子ども …………………………… *24*
  2．子どもの社会的成長・発達 …………………………………… *25*
  3．文化の習得と子どもの社会化 ………………………………… *26*

- II　子どもと保育環境……………………………………………28
  - 1．子どもの生きる現代社会…………………………………28
    - (1) 都市化と人間生活……………………………………28
    - (2) 生活の都市化…………………………………………29
    - (3) 人間関係の都市化……………………………………29
  - 2．子どもにとっての家族……………………………………30
    - (1) 人間と家族……………………………………………30
    - (2) 家族の目標と働き……………………………………32
    - (3) ２つの家族のタイプ…………………………………35
    - (4) 家族制度の変化………………………………………36
    - (5) 直系家族と核家族のもとでの生活…………………37
    - (6) 女性就労の動向………………………………………38
    - (7) 子どもの社会化の担当者……………………………38
    - (8) 家族が子どもに教えるもの（課題）………………40
  - 3．子どもにとっての地域……………………………………42
    - (1) 地域生活とは何か……………………………………42
    - (2) 地域社会の生活………………………………………44
    - (3) 地域生活と子どもの育ち……………………………44
    - (4) 地域生活の課題………………………………………46
  - 4．子どもにとっての保育施設………………………………48
    - (1) 園（保育施設）と家庭の連携………………………48
    - (2) 保育者の役割と課題…………………………………48
    - (3) モデルとしての保育者………………………………49
    - (4) 保育者の子どもへの対応……………………………50
- III　子どもの集団生活…………………………………………54
  - 1．集団の意味…………………………………………………54
    - (1) 子どもと集団…………………………………………54
    - (2) 集団の性格……………………………………………54
    - (3) 集団の類型……………………………………………59
  - 2．集団生活の展開……………………………………………60

(1)　保育における子どもの集団生活経験······················ *60*
　　　(2)　集団生活の展開···································· *64*

第2部　人とのかかわりの育ち

第3章　領域「人間関係」について··························· *70*
　Ⅰ　幼稚園教育要領の基本と領域「人間関係」···················· *70*
　　1．幼稚園教育の基本······································ *70*
　　2．発達の諸側面と領域···································· *73*
　　　(1)　幼稚園教育要領における領域観······················· *73*
　　　(2)　幼稚園教育要領の「ねらい」の意味··················· *74*
　　3．領域「人間関係」について······························ *76*
　　4．領域「人間関係」の「ねらい」について·················· *77*
　　5．領域「人間関係」の「内容」について···················· *79*
　　6．領域「人間関係」の「内容の取扱い」···················· *82*
　　7．発達の過程·· *84*
　Ⅱ　保育所保育指針·· *85*
　　1．保育所保育指針の理念·································· *85*
　　2．保育所保育指針における保育内容························ *88*
　　　(1)　保育所保育指針の「ねらい」について················· *88*
　　　(2)　保育所保育指針の「内容」について··················· *89*
　Ⅲ　園生活の構造·· *91*

第4章　園生活と「人とのかかわり」の育ち··················· *93*
　Ⅰ　「依存」から「自立」そして「自律」へ···················· *93*
　　1．自己発揮の出発点としての不安のない園生活·············· *93*
　　2．「依存」と「受容」の大切さ···························· *94*
　　3．生活行動の「自立」として······························ *95*
　　　(1)　基本的習慣の自立──基礎的な行動力の自立── ········· *95*
　　　(2)　思考の自立·· *97*

(3) 感動性の自立……………………………………………………*98*
　　4．幼児の集団としての自立………………………………………*99*
　　5．かかわりの意識の育ちと「係」「当番」的な役割活動………*100*
　　6．自律性の育ち …………………………………………………*101*
　II　「群れ」から「集団」へ………………………………………………*103*
　　1．「群れ」に始まる園生活………………………………………*103*
　　2．新しい「仲間とのふれあい」への手がかり ………………*104*
　　　(1) 物的な環境 ………………………………………………*104*
　　　(2) 人的な環境 ………………………………………………*105*
　　　(3) 一緒の行動 ………………………………………………*105*
　　　(4) たての関係 ………………………………………………*105*
　　　(5) 遊びの始まり ……………………………………………*106*
　　　(6) 友　　達 …………………………………………………*106*
　　　(7) 意思表現 …………………………………………………*106*
　　3．集団の「形成」について ……………………………………*108*
　　4．集団の「存続」について ……………………………………*109*
　　5．集団の「構造」について ……………………………………*110*
　III　グループと活動 ………………………………………………………*112*
　　1．グループ活動の条件 …………………………………………*113*
　　2．グループ活動での「立場」「役割」…………………………*116*
　　　(1) リーダーとフォロアー …………………………………*117*
　　　(2) 立場・役割について ……………………………………*119*
　　　(3) 「ボス」的存在への目 …………………………………*120*
　IV　「人とのかかわりの育ち」と言葉……………………………………*122*
　　1．意思表現の環境 ………………………………………………*123*
　　2．集団の一員として話を聞く環境 ……………………………*123*
　　3．みんなの前で，意思・考えを言葉で表現すること ………*124*
　　4．相手の話を聞くこと …………………………………………*125*
　　5．意見・欲求のぶつかり合いの体験 …………………………*125*
　　6．「話し合い」の難しさ…………………………………………*126*

7．説明・情報交換の言葉 …………………………………… *127*
　　8．言葉の習慣化 ………………………………………………… *127*

第5章　「人間関係」の育ちにかかわる実践的な問題点 ……………*129*
　Ⅰ　保育者と子どものかかわり ……………………………………*129*
　　1．共同生活者としての保育者 ………………………………… *129*
　　2．「けんか」への対応 ………………………………………… *130*
　　3．はみ出し行動の検討 ………………………………………… *131*
　Ⅱ　「型はめ」になる指導の誤り ………………………………… *133*
　　1．「人とのかかわり」と「社交性」………………………… *133*
　　2．「いい子」と「なかよし」………………………………… *133*
　Ⅲ　基本的習慣形成としつけ―生活指導の問題― ……………… *134*
　Ⅳ　「自治的集団」としての育ちか,「管理のための集団」づくりか … *136*
　Ⅴ　「グループ活動」の難しさ ……………………………………*137*
　　1．グループづくり ……………………………………………… *137*
　　2．グループ活動の内容 ………………………………………… *138*
　Ⅵ　障害児と共に歩む集団 …………………………………………*139*

第3部　計画と実践・評価

第6章　計画と実践 ………………………………………………… *144*
　Ⅰ　生活設計としての保育計画（カリキュラム）……………… *144*
　Ⅱ　子どもの主体的生活の場としての園生活の構造化 ……… *146*

第7章　実践のチェックポイント ………………………………… *149*
　　(1)　自由性 ……………………………………………………… *149*
　　(2)　個　性 ……………………………………………………… *150*
　　(3)　自発性・主体性 …………………………………………… *150*
　　(4)　生活性 ……………………………………………………… *150*
　　(5)　創造性 ……………………………………………………… *150*

　　　　(6)　総合性 …………………………………………………… *151*
　　　　(7)　課題性 …………………………………………………… *151*
　　　　(8)　集団性あるいは組織性 ………………………………… *152*

第8章　事例研究 ……………………………………………………… *153*
　事例1　遊びの中でみる友達関係―3歳～5歳の成長を追って― …… *154*
　事例2　園生活における生活行動について(4歳児) ……………… *164*
　事例3　当番・係的な活動の発足をめぐって(4歳児) …………… *176*
　事例4　(1)劇場ごっこ(5歳児) ……………………………………… *193*
　　　　 (2)家づくり(4歳児・5歳児) ………………………………… *199*
　事例5　パートナー方式による園生活のスタート―年少・年長
　　　　 組のかかわり― ……………………………………………… *204*

〈付録〉　〈1〉幼稚園教育要領(抄) ………………………………… *212*
　　　　　〈2〉保育所保育指針(抄) ………………………………… *215*
　　　　　〈3〉幼保連携型認定こども園教育・保育要領(抄) ……… *222*

〈執筆分担〉

大場牧夫	3章Ⅰ　4章　5章　6章　7章　8章（事例解説）
大場幸夫	1章
民秋　言	2章　3章Ⅱ

第1部

発達と環境

第 1 章

子どもの発達と環境

　本章では，保育実践の現場において「子どもの発達と環境」という話題が，大事な問題として成立することを確かめることが主なねらいとなる。このことは本著が保育における人間関係を主題として扱う意図で刊行されるだけに，特にその意義が深いものとなる。

　そこで本章では，以下の3点について触れることになる。第一には，「発達」を子ども自身が実感し体験することとして考えてみるとどうなのかを考えてみたいのである。ややもすると「発達」が身につけた能力そのものとして年齢相応かどうかというように，結果優先や"できばえ主義"的な大人の評価の目でレッテルを貼ってしまいがちである。そのように「発達」を押しつけられたり，体験させられることが子どもにとって意味のあることなのだろうか。この点を考えてみたいのである。

　第二には，「発達」をかかわりの問題として考えてみたいのである。このことを一つの視点として意識してみたい。かかわりの中で子どもは人として育つということを私たちは経験的に知っている。だからそのようなことは"自明のこと"だと考えがちである。そのために，なぜなのか，どうしてなのかというように問い直してみることが欠けてしまいかねないのである。しかも，かかわりが育つという経験さえ，当然のこととして見過ごしてしまい，こうしたことの経緯をていねいに捉えようとする意図やことば化することもせずにいることが案外多い。その点を反省しなければならないと思う。

　第三には，子どもの発達を支えるという人やものとのかかわりについて考えてみたいのである。子どもの育ちは社会的に望ましいという方向へ"支えられ

る"とは限らない。あるいはまた，子どもにとって望ましい方向へ支えられるとも限らない。

　子どもは実に多様な脈絡をつくりつつ生育する。このことは，時代や社会，民族や国家を異にしても当てはまるはずである。そのような多様な事例を通して，保育者自身の「子どもの発達と環境」についての見識を聴かせてもらえることを，親はもちろんのこと，関連する近接領域の専門家たちからも期待されている。

I　体験という視点からみた「発達と環境」

1．社会性をとらえる新たな視点

　従来，教育相談や発達の心理臨床相談の中では，子どもの社会性を捉える必要性がある場合，社会的生活能力という診断的な発達輪郭や発達指数でみることが少なくなかった。「身の回りのことを自分でしようとする」，「みんなと一緒に行動することができる」など，それらを身辺の自立や集団適応の具体的な行動の例として扱い，達成したかどうかの観点からみようとすることが一般的な傾向であった。それが現実の子ども理解にかかわるものとして，生活習慣，社会的認識，人間関係などを発達診断的にみる場合，一つの側面だけからみることより，それらの相互連関的な認識から発達輪郭全体を捉える必要性があった。"発達の総合的な理解"は，臨床的な児童診断の原則となった。

　だが，そのような総合性の認識も，結局は諸相の達成度の全体構成という図式を求めるに留まりがちである。それなりの効用は認められるが，個々の子どもの発達援助に対する保育者の目を確かなものにする必要性に対しては，いま一つ欠けるものがあった。それは何なのか。

　こうした実践的な問いに対して用意する回答として，ここでは二つのことを指摘したい。その一つが，子ども自身の体験に留意した場合である。社会性の問題を子どもの体験するものの側から捉えてみようとすることが，ここでは従

来の認識とはいささか異なるところである。他の一つが，かかわりの問題として捉える場合である。人とのかかわりの問題として社会性の発達を考えてみることは，特に保育現場において大事である。

このように社会性の発達を子どもの体験とかかわりの双方からみることは，保育の実践上は切り離せない問題であるが，「かかわり」については後述する。そこで，社会性が発達する姿を，子どもの体験として留意してみるという視点から考え直してみると，どういうことが問題としてみえてくるのであろうか。

確かに，子どもの成長の過程を追ってみる必要がある場合，達成の度合を測って指数や輪郭の図解で捉えようとしてみることがあってもいい。だが保育者は，そのように身につけていく"社会性"の姿を，もっと子ども自身の体験することに留意して，その過程をたどってみることの方が意味がある。

2．「基本的生活習慣」の問題

たとえば社会的な行動の視点には，従来保育現場では第一に基本的な生活習慣の形成を掲げる傾向が著しい。そのことは欧米の保育事情に照らしてみても，わが国独特の傾向とみることができる。なぜこれほどに行動の型付けを最優先する発想が強いのか。このような現象自体の問題をどう扱うかもここでは優れて社会性の問題となる。

だが，生活習慣の状況を捉えるという多くの場合，習慣づけを確かなものにしようとするあまり，目先の"でき・ふでき"がどうしても気になるのが常である。しかも，習慣化されたかどうかという結果だけが保育者の判断の主眼となりやすい。個々の子どもの発達のリズムや，環境とのかかわりの中で生活習慣を身につけていく過程を大事にすることが忘れられてしまう。生活の仕方が一定の時期に一定の型をそろえようとするのは，あくまでも保育者の専制的で，完全主義的な要求への固執である。

保育におけるこのような落し穴に気づくことが必要である。そのためにどのような"対策"があるだろうか。かなり自覚的な作業になるといわざるをえないが，とにかくこの生活習慣の問題を，一度子どもの動きの過程から見直してみるべきだろう。子どもの側の気持ちの動きとしてその過程に注目するなら，問題が自分から進んでしようとする意図や意欲にかかわることを確認できるは

ずである。親や保育者の子どもに対する習慣づけの指導法の問題であるより，"生活習慣"が子ども自身の生活参加の関心や意欲の育ちに深くかかわることであると，認めざるをえないであろう。

行動様式を身につけていく過程は，視点を変えれば，子どもの試みの連続であって，それは

行動様式の習得の過程は，
子どもの体験の過程である。

体験の問題であるという側面を示唆している。生活習慣を子どもの体験の過程という視点からみるという意味が了解されるために，もう少し説明をしておきたい。たとえば，「一人でスプーンを使って食べ物を口にできる」「トイレで紙を使って排泄の後始末ができる」「アイディアを出し合い，みんなと一緒に協同的な遊びを楽しむ」などのように，いずれもそれぞれの状況が体験のプロセスであり，子どもの気持ちの動きを汲み取れることに留意すれば，結果のでき具合い以上の意味を読み取れるだろう。子どもが身につける基本的な生活習慣の内容のどれをとっても，やりとりの体験，大人の行動モデル，基本的な生活技術への関心，体験を生かすことで成立するごっこ遊びへの基礎など，さまざまなこととのつながりを示しつつ，いずれにしても子ども自身の体験の問題として，注意してみることが必要であった。

それなのに，現実における主な関心事として，これまで保育では，生活習慣の問題を行動の型付けあるいは行動様式の修得の必要性に着目して，その達成の進度に関心を向けがちであった。もちろん，保育において生活習慣をないがしろにしていいはずはない。問題は生活習慣を捉える視点の設定にある。現場の保育者には自明のことであるが，基本的な生活習慣が習得される過程は，単に型付けという行動訓練の過程だけではない。人間的なやりとりがそこには成立している。子どもの興味関心が高められる機会でもある。子どもの生活参加の意欲を育てるチャンスにもなる。大人がまずい対応をすれば身につかないという事実も発見できる。子どもの達成感や充足感の問題でもある。こうした諸

点は，子どもとかかわりつつ生活習慣を身につけていく様子を見守るならば，誰でも確認できることである。いい関係がないところでは，習慣は身につかない。表面的な習得は時と場を変えれば，有効に活かされない事実を子どもの言動から見つけられるだろう。複雑な意味の世界がそこにつくられていることを感じさせられる。

このように，在来の問題がカテゴリーとして大事なものであることはいうまでもない。問題は，その理解の視点を新たに設定する努力をするかどうかにある。子どもの側でどのような意味をもつことなのか，という発想に立ってみることで，見え方が異なることはいうまでもない。

3．「個性」の問題

多くの場合，人の育ちを述べるときには，人々の仲間入りをすることに注目をしていく。生物としてのヒトが人類の構成する社会の一員として生まれ育っていく過程に注目する。その方向は明らかに待ち受ける社会環境への適応過程を重くみることになる。社会化概念では，子どもの力量が，あくまでも社会に馴染んでいく筋道を重くみる。そのとき，その同じ過程が子ども自身の個としての成長に視点を当ててみたら，個人化の過程が問われてくるはずだ。他の誰でもない固有の人格を形成する個人が，その人らしく生まれ育ち，生きていく過程を，それだけで重きをおく発想が，前者の社会化と同等かそれ以上に大事になる。

さて，この個性に関する検討の仕方として，子ども自身の体験という点から考えてみることができるだろうか。個性とは何か，という基本的な問いを常に潜在させつつ，なお現実の子どもの園生活あるいは日常生活の脈絡の中で，そのことを追求していく姿勢は，子どもの発達援助という保育者の役割からみて

主体的な活動の体験が，
子どもの個性を育んでいく。

も大事な問題認識ではないだろうか。

そう考えてみると，個性の体験は，子ども自身の主動的な活動の可能性にかかわるものではないかと思われる。難しい理屈は嫌いだという保育者でも，子どもの一人一人にとって，他の誰でもない子ども自身の納得のいく生活をすることで，充実感を得られるために，どのような保育環境を用意していくべきかと，真剣に考えることだろう。

子どもの個性が，人格形成的な角度からの検討を必要とすることは，従来から保育教育上の問題であることはいうまでもない。そのことは，ややもすると徳目的な標語に掲げ，一般常識となり，それでいて現実の子どもの生活と発達の問題として，真剣で具体的な発達援助に直結するものにはなりえなかった。

かつて，A．ゲゼルが使った概念である「発達哲学」の視点では，この発達の個性が強調されていたことを忘れることはできない。発達の認識には専門家であれ一般人であれ，暗黙の了解としてもっている発達観があることを，ゲゼルは発達哲学と称して，指摘した。いろいろな発達哲学の中でも大事なものとして，子どもを信頼し，子どもから手がかりをもらい，子どもの可能性を保持しようとする姿勢こそ，専制や放縦を嫌う個性の尊重であるとしている。口先だけでなく，保育者には，子どもから学ぶというあり方が可能だろうか。子どもを信頼するという姿勢を自らに問うという目をもてるだろうか。

4．「愛着」関係

アタッチメントの基本は母子関係にある。人間関係の一つの原理をそこから与えられてきた。このことを充足することが，かかわりを広げ深めていく上での大前提である。このことは，愛着が母子関係のみの問題だという限定を意味するものではない。保育現場においても，かかわりの不足や歪曲の改善や補充の視点(原点)は，この

保育のかかわりの原点は，
愛着関係にある。

愛着の関係にある。

　保育の問題として大事なことは，子どもの能動的な愛着行動だが，見落としてはならないことは，子どもが選んでいることの大前提には，子どもに好感をもたれるような大人の存在とその対応がある。子どもとのかかわりがぎごちなく，子どもに対する愛着を身近にいる大人自身がもてないとき，その子どもとその大人との間に愛着関係が成立することは困難である。「愛着」は結局のところ，相互関係の問題に他ならない。そのことを忘れてはならない。決して子どもからの一方的な接近ではない。保育者もいい感じを子どもから受け，また子どもの方も保育者に特別の感情をもちはじめ，何をするにもその保育者でなければならないという気持ちを明らかに表現するようになる。「〇〇先生にしてもらう，〇〇先生はどこにいるの」と，何をするにも〇〇先生，というようなエピソードは少なくない。保育者を特定することで，あたかもそれが自分の行動の出発点であるかのように，気持ちをその人に寄せる。ときにはそれが依存的に見えたり，甘えに映ったりする。その点だけが強調されるが，子どもの側の積極的な接近を喚起してきた大人と子どもの相互関係の過程が前提であることを，どの事例においても確認することができるだろう。

　この場合，子どもの側のみの体験を問題にすることではなく，愛着が保育者自身の体験でもあることを確認して，たとえば，かわいらしく感じるようになってくる経過を相互交渉の過程として振り返ることができるはずであり，その検討は以後の子どもとのかかわりを深める上で，非常に有効な資料になるといっていい。

5．子どもの事実

　保育者にとって子どもとのかかわりがぎごちないとき，その子に対して保育者が親しみや可愛らしさを感じにくくなるということがある。そのようになる理由の一つには，保育者が子どもに問題があるからだと信じて疑わない場合が少なくないからである。自分の見方の問題ではないかと考えて自らを問う保育者ばかりではない。概して，人は自分のありように一番気づきにくい。一旦信じ込んだ自分の見方を疑いにくい。見たということは確固とした自信を与える。見たから間違いのないことだと誰しも考えがちである。しかし，見た人の

数ほど"事実"つまり見たこと
は異なるともいわれている。自
分にそう見えたからといって，
他の人にも同じように見えると
は限らない。わんぱくが好感を
もてる場合と，おとなしい子に
引かれる場合とでは，その見え
ることとその心象が異なる。当
然の結果として，それらの事実
は同じことを見たとは思えな
いほどに異なることになる。

大切なことは，子どもの行動の
意味を理解することである。

　特に，子ども同士のかかわりを高めることに心を砕く保育者には，主たる関心が子ども集団の形成に向けられる。だが，そのぶんだけ，大人との関係の修復という問題がわずらわしいものと感じられる。特定の子どもに対してだけの特別待遇や例外的な処遇になることを好まず，またそのような対応を恐れて心理的な抵抗が大きい。一斉に取り組む課題や年齢相応に基本的な生活習慣が自立できることに価値をおくと，どうしても逸脱する行動や，自立の遅れという点が気になる。その意味でも，例外が認め難い心境にあることは注目すべきことである。

　そこで，かかわりを変えるための手始めは，いうまでもなく，保育者の見方やかかわりかたを変えようと努める具体的な対応を探り，試みることから始めるしかない。一つの方法は，保育者自身の体験を通して確認していく方向である。どのようなことか。

　たとえば，そのまま子どもの要求に応じて"例外的な対応"を続けてみる過程で，子どもの変化，自分自身の感じ方の変化，そして相互関係の変化を確認することができる。しかし，保育者がこれ自体で悩んできた場合だけに，そのことを試みとして続ける意欲が存続できるかどうかが気がかりではある。この場合，担任だけがそのような試みを任されるのではなく，園の職員が基本的には全員で支え合う方向であることが効果を高める。子どもの側に原因のすべてを押し付けて，子どもが変わってくれなければならないことを願ってみても，

それはかかわりの改善を実現するには遠回りの道である。やはり始めからかかわりの改善の必要性を認めて，自分の子どもをみる目やその見方の限界を自覚することが，必要となるだろう。

終始一貫して大事にしたいことは，子どもの行動の意味を理解することである。大人の目からみて正しいか誤りかと，評価を急ぐことは，子どもの行動の読み取りの判断を歪める。それはなぜだろうか。

そのわけの一つは，はじめから子どもの行動をあらかじめ一定の価値規準で測ろうとする気持ちが強いため，事実に目を向けているようでありながら，結局は自分の期待にかなうものかどうかでしか，ことを見ていないからである。その保育者が結果論者であるからだ。

しかし子どもはむしろ何を考えてどういう意図をもってものごとに取り組もうとしているのか，あるいはその反対に，何にも関心を示さないのか，というその子の気持ちの動きは見えてこない。そのような面をないがしろにして，外見の整然さを追うことは，子どもの事実とは大きくかけ離れてしまうだろう。本当の意味で子どもが経験しているものに，保育者が気づかずに過ぎてしまう。

6．仲間の発見：社会的相互作用

前項では，子どもと保育者のかかわりを中心に述べてきた。集団の場では，子ども同士のつきあいを大事にする。多くの子どもが一緒に暮らすことで知恵のつくことも少なくない。子どもにとって，他の子どもの影響が大きいことはいうまでもない。よくみていると，子どもにとってその仲間の中には，まさしく保育者的存在である子どももいる。面倒見がいい子がいるし，保育者の片腕のように立ち回る子もいる。そういう姿は保育者にはわかりやすく，また受け入れたくなる行為なのだ。子

仲間の発見は，一緒にいたい他者の発見から始まる。

どもにとって他の子どもが保育者に代わって援助的な役割を果たしている例は多い。そうした行為に保育者は子どもの望ましい姿を見届ける。子どもたちが示唆を与えてくれる。そのことに気づいた保育者にとって，そのような姿があたかも保育者的存在のように思えることがある。

　ところで，子どもが数人で集まっていると，何か協同的な遊びを大きく展開するような期待をいだくことが担任の心境であろう。だが彼らの様子を見ていると，何かをするために集まっているのではなく，お互いに引き合うものがあって，集まること自体が楽しく感じられることがある。3人，4人でうろうろしているという状況であるなら，その状況が一緒にいること自体を楽しむという経験を認めてもいいのではないだろうか。そのような中から，提案があり，遊びが作られていくことを待つことも必要である。子どもが仲間を見つけ，一緒にいるということ自体の楽しさを味わう状況にあるときに，保育者が介入して，お互いを何かをさせるための協力者にさせることを急ぐべきではない。

　目に見えた形では何かを・一・緒・にすることより大事なことは，・一・緒・に・い・る・こ・とである。そのとき何もしていないのではなく，目を合わせ，気持ちを重ね，言葉を交わし，笑い合い，ついて歩き，・一・緒・に（いようと）するのだから。仲間の発見とは，このような一緒にいたい他者を発見することから始まるのではないだろうか。

7．発達の体験

　子どもにとって日常の家庭生活や園生活を通して，いろいろな経験を得るが，そのすべてが子どもの気持ちに添うものであるとか，心地のいいものであるとは限らない。むしろつまずくことやとまどうことが多く，そのような"苦い"経験が子どもの人やものに向かう姿勢を作る上で必要であることがわかる。子どもが日常の生活の中で，自分により困難な課題を設定して，取り組もうとする姿勢のあることは事実である。面白いことには，自分の力量の限度ぎりぎりまで挑戦するようなこと自体にも含まれるものであると感じさせられる。

　発達体験という概念は，津守真がその著の中で紹介して以来，専門的な立場から関心をもたれてきた。しかし，元来の発達概念が能力主義的な捉えに偏りがちであることから，子どもの側から捉えようとする発想で発達を考えること

が必ずしも定着していたとはいえなかった。ところが津守がこうした点で発達に関する一つの示唆的な理解を示したことで従来にない方向が開かれようとしている。子どもにとって意味のある経験とは何なのかが，曖昧でいいわけはない。

II　かかわりの視点からみた「発達と環境」

1．子どもの内面の力動性

　保育において大事なことの一つに入ると思われるものに，園生活が子どもの人間形成に及ぼす影響の問題がある。在園中の生活現実は，そのまま子どもの幼少期の体験につながりをもつ。年齢が長ずるにつれて，その詳細に関する記憶が薄れる一方で，特定の光景が心に"強烈"に刻み込まれていることを実感する。こうした話題は，いわゆる幼少期体験の原風景論として関心をもたれてきた。

　思い出は，その当時の人やものとのかかわりの心象でもある。いま想い起こしても胸が高鳴るような経験であれば，とうに過ぎ去ったはずの出来事が，現在の自分の心情に改めて刺激を与えてくる。想起することが苦痛であるなら，想い起こすことを抑えようと，意図的に気を紛らわすために努力することもある。過去の経験は，人の現在に揺さぶりをかけてくる。子どもが成長するということは，このような揺さぶりを与えるような経験の蓄積の過程であるともみることができる。

園生活は，幼少期体験の原風景を形成する。

児童福祉入所施設の一つで働いていた筆者が出会った学童の一人と，10年ぶりの再会の機会を得て，一晩彼と話し込んだことがある。立派な働く若者になっていた。その折に，彼は自分の昔の話を聴かせてほしいといい，在園中のエピソードを想い起こしつつ語る筆者の話を，大事に胸に刻み込むように深くうなずきつつ耳を傾けていた。彼が孤児であったことを想うと，自分の過去の姿を再現してくれる他者を身内にもつことのできなかった彼には，筆者のような過去を知る人物との再会に強い関心を抱いていたようである。しきりにいま現在の自分につながる自分らしさの根源に漂う曖昧さをなくしたいという要求をつのらせているのではないかと思えてならなかった。同時に，彼の想いに応えるほどの強い絆を，自分には形成しえていなかったという実感を打ち消しがたく，胸が痛んだ。その彼が自分の方から当時のことを想い起こして語ってもくれた。当時のことで印象深いのは「優しくしてくれた保母さんの存在」であったと。寂しいときに，慰められ，心温まるのは，そのような優しい保育者とのやり取りであり，改めて身近な人気（ひとけ）の希薄さに気づき，より深い孤独感に襲われるような心の動きを垣間見る思いがした。

　このような例が特別の場合ではないことを，保育現場の子どもの事例から示唆されることが少なくない。保育者や他の子どもたちとの共同生活の中で，人間関係にどのような心象をいだいていくのか，その根本はいい人間関係の形成に尽きるであろう。

　保育ではダイナミック（力動的）という言葉で表現されることがあるとすれば，そのほとんどが大きく展開する活発な遊びや活動である。そうした使い古された言葉を，しかも若干の異なる側面から使ってみようとすることは好ましいことではないかもしれない。しかしながら，子どもの心理の力動的な特質をこそ，優先的にダイナミックという表現をもちいるべきではないかと思う。外面的な力動性以上に，子どもの内面の力動性を見つめることを大事にしたい。子どもの心の内なる動きを捉えてはじめて，子どもという存在を全人的に理解することが可能になるのではないだろうか。

2．発達と環境の相互性

　子どもの成長が環境によって左右されることは，実際にその具体例がなくて

子どもは環境から影響を受けつつ，環境自体をも変えていく。

も，暗黙の了解を前提に語られてきた。時には，安易というか単純というべきかわからないが，環境を常に条件の側で考えたり，発達をその結果として捉えようとする。発達と環境を相互的な関連で捉えることが，必ずしもはっきりとした考えに定着しているとはいえない。

保育の現場で子どもの発達を考え環境を思うとき，ことはそれほど簡単ではないことを思い知らされる。環境が子どもの発達を左右し，また子どもが発達することによって，環境と異なるかかわり方が可能になる。子どもが環境から一方的に刺激を受けるという存在ではなく，むしろ環境自体を作ってより有効に自分の成長に活かしていることも現実に見届けることができるだろう。このことを別の表現で示しているものには，たとえば「環境の応答性」がある。子どもの働きかけによって何らかの変化を生じたり，子どもの働きかけにたいして何らかの反応が返ってくるように，子どもにとって"手ごたえ"のあるやりとりになる場合が，それである。子どもの能動性と環境の応答性は，少なくともこの場合には，別々のことではなく，むしろ能動性と応答性は，子どもと対象との間に相互的な交渉によって成立するものであることを示唆される。子どもと環境との間でなされる相互交渉の，一方に能動性の問題があり，他方に応答性の問題がある。

このように能動性と応答性は，従来の研究では別の問題として扱われてきた経緯はあるが，実践の現場に立つと，子どもの発達と環境を統合的に理解する視点からの理解が必要である。その意味では，能動性と応答性が，一つの問題の2つの様相にすぎないことを再確認したい。

子どもは，周囲の人やものとのかかわりを通して，自分からしようとする気持ち（向かう気持ち）を自ら感じる。同時に，気持ちを向けてかかわることで，相手から得られる反応に手ごたえを覚える。その様相は，"かかわり"が方向性

第1章 子どもの発達と環境

表1-1 保育環境のカテゴリーの具体例

ブロンフェンブレンナーによる環境要因の分類	社会環境 サブシステム	自然環境 サブシステム	物質文化環境 サブシステム	情報環境 サブシステム
マイクロ・システム（子どもが活動し、生活の場や人間関係など、日常んでいるような）	家庭、園、近隣、地域など、親、保育者、きょうだい、仲間集団	遊びのスペース（自然物の豊かさ）	園の施設・設備 遊園地 玩具、遊具	本、童話、テレビ、新聞、ラジオ、パソコン
メゾ・システム（個の生活の場の相互関連の系）	園と家庭の連携 園と関連施設の連携 幼小関連など	身近な素材の活用 園外保育	交通の便	子どもたちの発表形式の集まり 保育者研修会
エクソ・システム（個人の生育環境、個人を取り巻く環境条件）	共働き、出稼ぎ、単身赴任、片親、核家族、拡大家族、一人っ子、生活保護、団らん、家庭不和など	四季の変化 冷害、水害、雪害 公害 騒音	家庭や園などの冷暖房装置などの人工環境化 電化 オートメ化 育児用品の多彩さ	流行、世論、デマ、パニック
マクロ・システム（価値観、信念、イデオロギー）	社会的常識、偏見・差別、知育偏重、スパルタ主義、世間体、マンネリズム、社会観	季節感、自然観、生命観	合理主義 能率主義 育児の簡易化	イメージ

（大場試案「保育学大事典」第1巻、第一法規）

を指示する矢印で示されるような機械的で単純な交渉ではないことを意味している。前述のように，相互性という概念に能動性と応答性という両極があるとすれば，それらの固有の研究領域に重なることに留意しつつ，「かかわり」の問題の奥行きと複雑さを確認させられる。

3．生態学的環境

　子どもたちの生きる世界もまた，人の生きる世界あるいは動物の生きる世界と別な世界と考えるべきではない。確かに，子どもには子どもの世界があるという理解と，この認識がくいちがうとみられることには，意を尽くしてその通底する原則を提示する努力が必要だろう。

　U．ブロンフェンブレンナー(1979)は子どもの発達と環境に留意して，いくつかの生態学的システムを構成する要因を検討している。彼はこれらを，マイクロシステム，メゾシステム，エクソシステム，マクロシステムという構成で捉えた。これを筆者はかつて自然や社会環境の要因と交差させて枠組みを作り，そこに具体的な保育の場をめぐる事柄を当てはめてみたことがある。前頁の表1‐1はそのときの「具体例」である。

　子どもの発達が，人・もの・自分という関係の中でその過程を経ていくものであることを，こうした作表の仕事でも感じられた。明らかに，ここに掲げた事項の一つ一つがばらばらにかかわりをもつことではなく，人・もの・自分という，いわゆる三項関係そのものの発達として捉えられるものであることを示唆される。生態学的という言葉を保育内容の研究で用いるのは，そのように人やものとのかかわりを前提にして，つねに子どもの発達と環境を捉えていこうとする取り組みの姿勢の表現である。言い換えれば，子どもの遊び，子どもの生活を一人一人の生きる現実の脈絡(コンテキスト)の中で理解する姿勢である。発達と環境を理解する新たな視点であるともいえよう。

III 援助の視点から

1．子どもからのサイン

　保育が子どもの発達援助に意味をもつ，という言い表し方が広く使われているとはいえないが，つきつめて考えてみたとき，この語につきるのではないか。何のための仕事なのか，どのような役割を担うものか，子どもといかに生きるか，などと思いめぐらすなら，さまざまの意味づけが頭の中に浮かんでくるだろう。結局のところ，子どもの人としての育ちに有効な環境を提供しているかどうかが，保育の場のなすべき主要な機能であろう。このような意味をもたないで，盛りだくさんな行事や，みてくれのいい課題活動など，不自然に設定された活動のプログラムがどれほど華々しくても，それは子どもの本来の人間形成の場にふさわしいものではない。

　自分の側に子どもたちに向けて伝えたい何かがある時，その働きかけの場で保育者が心を傾けるのは，聞いていてくれるか，伝えたいことが相手に伝わっているかであることは，当然のことといえる。自分の意思を他者に伝えるという行為において伴う気持ちがあるとすれば，それは言葉で話の内容を相手に放っているだけではない。伝えようとする内容を頭で編集したり，相手の子どもたちの聞いてくれている様子に合わせて，言うべきことを整理することも同時進行させるわけで，つまり話し手は往々にして自分で話そうとすることに気持ちを集中せざるをえず，案外ま

保育者のサインを，子どもは敏感に察知する。

わりの子どもたちの側に生じることに気づきにくい。まわりのことの方に気持ちが傾いていくと，自分の話が円滑に表せなくなったり，言い間違えたり，途切れたりして，妨げられることへの不快感だけが高まってきて，あげくの果てにその原因となった子どもには，感情的な対応をしかねない。

　そしてその感情的な対応こそが，そのときに的確に子どもに伝わるのである。子どもに伝わるのは，保育者が伝えたい言葉以上に，伝えようとしてそれに伴うなんらかの感情が，子どもの受信装置である気持ちに響くことがある。知らず知らずの内に，力を入れて身振り手振りがあり，まなざしや表情が動く。そのことを当人は気づきにくい。だから本当の自分が出るともいうのだが。

　保育者のサインを子どもが敏感に察知することを，この項で含めて考えておきたい。子どもからのサインをだけ，一方的に見るのでは，ことの理解は半分にも満たないだろう。かかわりの中で保育者が担う援助的な役割を思うと，保育者自身の言葉以上に，まなざしや身振りなどのからだが発するサインを自覚し検討できる機会がほしい。

　何かを伝えるということは，どうしてもそのことのために気持ちを内に向ける過程でもあることを自覚する必要がある。せっかく子どもが話をしかけても，心が自分の伝えることに内に向かっているなら，直ちに自分の言いたいことを切り返して発するような対応をすることは，きわめて日常的な場面で確認できてしまうはずだ。そのとき，一見やりとりの形のようにみえる"会話"とはお互いの話を楽しむことをおろそかにして，ひたすら自分の言いたいことを一方的に言い放っているに過ぎないこともある。

　こうした姿勢は話をする場面に限らなく，評価する気持ちが強くても，その読み取りにおいて自分の思いから断定することはできても，そのときでさえ，うっかりすると子どもの真意を見落としてしまうこともある。子どもを観察するという行為についても，それが観察という言葉だけで，子どものサインを読み取るという点において一見すると受け手としての立場に立っているものと思い込んでしまう。だが，事実はそうではない。たとえ観察という行為を許される立場にあるように見える場合でさえ，そこに子どものメッセージを聴こうとすることへの気持ちの集中がない限り，見ていないし聴いてもいない。もっと突き詰めて言ってみるなら，はじめから自分の側にある評価的な値ぶみの目で

善し悪しを判断する軸からしか子どもの言動が見られないとき，大人はほとんど今ここにある子どもからのサインは読み取っていないに等しい。

　子どもたちの側から何かサインが送られていないかをキャッチしようとするなら，保育者の心の構えは，自分の側の受信装置をフルに作動させるような，受け止めることへの気持ちの切り替えが必要になる。送り手としてよりも，受け手として，保育者が子どものさなかにあることは，自分のポジションの役割の認識の問題ではないだろうか。

　子どもからのサインの読み取りが大事なことは，当り前のこととして大人は了解している。しかし，今述べてきたように，実際にサインを感知するには，単に見ている・聞いているというおおまかな行為の方向だけでは，十分に正しくそのサインを受け取ることはできない。

2．人間関係の回復

　保育の場が果たす役割の一つには，「人間関係の回復」がある。子どもの家庭生活の中で，本来はいい人間関係の形成を経て保育の場に臨んでくれれば問題はないのだが，現実にはむしろかなり深刻に悩むことになる例が少なくない。母子関係だけではなく，家族の人間模様を垣間見ると，複雑な大人の世界に子どもが翻弄される様子が見えてくる。保育者がそのことに気づき，大人と子どもとのかかわりの基本から出直そうとする方向へ方針を立て，当の子どもに必要な人間信頼の心情を育てるためには，全面的な受け入れの姿勢を，担任だけではなく，職員全員が了解することが大前提となる。時間もかかるし，手もかかる。進むよりは後戻りの感が強い。人間関係の回復とは，そのような状況を長期的な見通しで覚悟して，受け入れの姿勢で通し続けることが必要である。

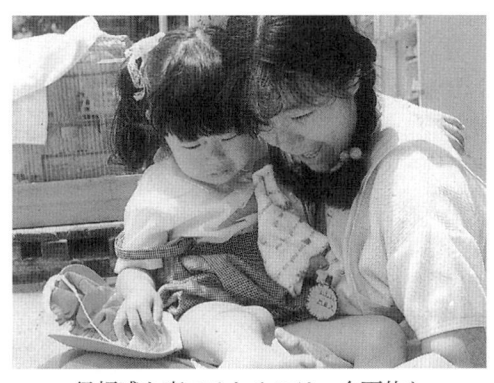

信頼感を育てるためには，全面的な受け入れの姿勢が大前提となる。

　子どもは園舎園庭をフルに動

く可能性がある。子どもは担任だけではなく，自分の気の許せる範囲で気に入った大人を園生活の中で見出している。身体接触や"特別待遇"を受けることで，次第に大胆に人にかかわる力やものを操作する力をつけてくる。だがその過程は決して順調には展開しない。まだ幼少期のことではあるにせよ，人とのかかわりのこじれや歪みを経験してきている子どもには，園の中の大人や他の子どもたちとのかかわりに，すんなりと応じるだけの親しみや信頼感をもてない。

それなのに園の生活に合わせるように仕向けられる保育者の働きかけには，反発を示すことで自分の不快感を伝えるしかない。かかわりがもちにくい子どもたちの存在を通して，保育現場のもつ役割が見えてくる。そのような子どものありようを拒否するのか，強引にいうことをきかせて服従させるのか，従来のかかわりのあり方にはこういう疑問をもたせる例が少なくなかった。しかし，今日では子どもの個別的な対応の必要性を保育の常識の中で知るところとなった。現実には，なお子どもを屈服させるように高圧的な"指導"になるような問題を潜在させている。

ではそのような明らかに問題があると認められるような事例に相当する子どもを担当していないなら，人間関係の回復という課題はもとから存在しないということなのだろうか。私はそうは思わない。子どもの実態は，何事もない理想的な家庭環境と生活を意味するものではない。事実，子どもの生活環境は経済的な繁栄の中にあるといわれている今日でさえ，家庭の生活を脅かす動きがある。ものの豊かさが人間関係を貧しくさせることがある。子どもの園生活の基本原則では，こうした時代社会の問題を認識するところからみても，常に人間関係の修復・回復あるいは再生という観点を失わず，ことがあるならその基本的な原則をもって，できるだけ直接的な対応のネットワークが可能な態勢を取れるように備えておくことが望まれる。

3．指導から援助への視点移動

本章では，前の2節で「体験」と「かかわり」に留意して述べてきた。その2つの事項は，発達援助の問題を考える場合の主要な視点としての意味をもったものでもある。援助するとは，保育者が具体的な働きかけを通して実現され

る。援助は，それを単に標語のように掲げることで済まされるものでなく，子どもに具体的に効果をもたらすものとして見届けられるものである。それなのに，援助について自分と子どもとのかかわりの問題として考えることをせず，保育者の一方的な指導に終始し，また保育の内容が子どもの体験の問題であることを主要な保育の課題であると考えようとしないなら，いったい保育者の援助的な役割の意

指導は，子どもの主体的な生活を支える必要性の上で認められるものである。

味はどこにあるのかと，懸念せねばならない。

　保育における指導研究が保育者の間で比較的明確な意義をもっていたとしよう。ことの是非はともかく，子どもに何をどのように教えようか，というような問題意識と計画立案が連動してきた。研究の方向がわかりやすかった。

　この点では，保育者の発達援助の研究がどのようなことを研究することなのかが指導研究の場合のようには明確になりにくいのではないか。「援助」では教えていいのか，働きかけていいのか，手を出してはいけないのか，というように，根本的なあり方さえわからなくなり，混乱している様子もみられたのである。素朴に考えてみても，教えていけないのか，働きかけてはならないのか，とまで問題になると，深刻さよりも前に，基本的に保育の場での専門における自己認識の弱さ，あるいは保育における保育者論の乏しさを露呈したのではないかという印象を強く受ける混乱ぶりであった。教えない，働きかけないという断定が一介の主義主張への固執傾向であるなら，無視もできよう。だが平成元年の教育要領の改訂の折も，保育指針の改訂の場合でも，類似した現象はあった。ことは指導から援助にラベルが変わったというような機械的な変更ではない。園生活の人間関係のダイナミックスを点検し直すことにある。子どもの発達を促す際に，保育者の専門的な力点が"教える"ことにあるかのような保

育実践の捉えそのものが修正されるべく，核になることは子どもの主体的な生活であることを，要領も指針もその基底において共通に全面に提示していることである。保育者がイニシアティブをとる仕方があくまでも子ども主動の園生活の構成を中心に展開されることを再確認するものとなっている。教える必要も働きかける必要も，保育者の指導の当然としてではなく，子どもの主体的な生活を支える必要から生じるもの，の意味で認められるものである。

　保育者の配慮がこうして自分の指導案に子どもを合わせるような導き方であるよりも，子どもの個々の発達を促すように，その配慮に基づいて，必要なことを教えもし，また働きかけもすることになる。

　残念ながら，今日でも，教えた方がいいか，叱った方がいいか，甘えさせていいか，というようなまったくその保育者と子どものかかわりという脈絡から切り離した行為の是非（正解）を他の専門家に解答させようとするような"質問"が後を断たない。子どもと保育者とのかかわりのどれ一つをとってみてもケースバイケースであることを知っているはずなのに，こういう大味な問いが投げかけられる。こういう質問の出てくる背後には，必ず保育者がいろいろ試みるという過程が自覚されていない場合が多い。援助とは，子どもとのかかわりを自覚的に捉えることなしには，適切な効果をもたらすようにはなり得ないだろう。子どもの自発的な力を信じてその芽生えを心待ちにしつつ，子どもに必要なサポートをする気持ちをもってかかわりを育てることが，園生活の中での保育者の大事な役割である。子ども同士の交流が園生活の大きな比重を占めるにしても，保育者の存在無しには，そうした比重の意味がなくなる。子どもと共に生きる大人の存在がどれほど大事なものかを，園内研修の主要課題にしてみるような研究が計画され実行されるようになるには，今がいい機会であると思うのである。

〈参考文献〉

1) 津守真著『子ども学のはじまり』フレーベル館，1979
2) 津守房江著『育てるものの目』婦人之友社，1984
3) 大場幸夫・名倉啓太郎・村田保太郎・森上史朗著『障害児保育実践シリーズ②　発達に遅れのある子どもと保育』フレーベル館，1985

4) 鯨岡峻・鯨岡和子著『母と子のあいだ：初期コミュニケーションの発達』ミネルヴァ書房，1989
5) 無藤隆・柴崎正行著『保育講座⑲ 児童心理学』ミネルヴァ書房，1989
6) 麻生誠著『身ぶりからことばへ：赤ちゃんにみる私たちの起源』新曜社，1992
7) 上野ひろ美著『発達の「場」をつくる：まなざしで向かい合う保育』高文堂出版，1993
8) ケネス・ケイ著『親はどのようにして赤ちゃんをひとりの人間にするか』ミネルヴァ書房，1993
9) 大場幸夫・前原寛著『保育心理学Ⅰ：子どもと発達』東京書籍，1995
10) 岡本夏木・浜田寿美男著『発達心理学入門』岩波書店，1995
11) U・ブロンフェンブレンナー著『人間発達の生態学』川島書店，1996
12) 津守真著『保育者の地平：私的体験から普遍に向けて』ミネルヴァ書房，1997
13) 鯨岡峻著『両義性の発達心理学：養育・保育・障害児教育と原初的コミュニケーション』ミネルヴァ書房，1998
14) 長崎勤・本郷一夫著『能力という謎，シリーズ／発達と障害を探る 第3巻』ミネルヴァ書房，1998
15) 藤崎眞知代・野田幸江・村田保太郎・中村美津子著『保育のための発達心理学』新曜社，1998
16) 阿部和子著『子どもの心の育ち：0歳から3歳』萌文書林，1999

第2章

子どもが育つ保育環境

I 子どもの社会化

1. 社会的存在としての人間・子ども

　われわれ人間は「社会的存在」であるといわれる。それは，人間は社会の中に生まれ出，社会の中で育ち，社会の中で生活する，また，その社会の一員としていろいろな人たちとさまざまなかかわりをもって生活する存在という意味である。かつて，アリストテレスは人間を社会生活を離れてはありえない「ポリス的動物（zoon politikón）」とよんだといわれるのもこれと同じである（社会的動物 social animal ともいわれる）。

　子どもがこの世に生まれるということは，一個の生物体（ヒト）として自然環境の中に生まれ出てくると同時に人間の子として社会的環境の中に生まれ出てくることを意味している。すなわち，人間の子どもは，夫婦関係という社会的なつながり（これを社会関係という）をもつ男女（父と母）を通して，家族という社会集団の中に生まれ出てくる。その家族の中で，親・きょうだいとともにかかわりをもって生活を始める。さらに，その家族も，さまざまな家族やその他の多くの社会集団，社会組織によって取り囲まれている。子どもはそうした社会の中に生まれてくるのである。

　しかし，人間の子は生まれたばかりの状態では「ヒト」ではあっても，決し

て「人間」とはいえない。人間は人間によって，そして社会の中で育てられなければ「人間らしい人間」とはなりえない。

　　それは，たとえば「狼に育てられた」2人の女児（アマラとカマラ）に典型的にみられる。生まれてすぐに狼にさらわれ，育てられた2人は保護されたとき（1歳半と7歳と推定される）全く人間らしい行動をとることができなかった。一言の言葉も発せず理解できず，2本足で立って歩けない。生の腐った肉を好み，舌で水を飲んだ。ほとんど狼と同じであったという[1]。

　また，人間は社会の中で，その社会の一員として自分以外の多くの人々と何らかのかかわりをもって生活している。自分一人で生きてはいないし生きられるものでもない。他の人から働きかけられるとともに自らも働きかけることによって集団生活を営んでいる。具体的に言えば，経済や政治，教育，宗教などの活動を通してさまざまな人々と，たとえば，協力，役割分担，分業，対立，競争，模倣，代表，支配や服従などのかかわりをもって生活しているのである。

2．子どもの社会的成長・発達

　ここでは，人間が「育つ」という意味を考えてみよう。この場合，肉体的・生理的成長や知的な発達はもちろんであるが，社会的に育つ（発達する）ことも必要である。本論では，この社会的な育ちに注目することはいうまでもない。

　社会的に育つということは，個人が社会の中でその社会に適応することであり，自立することであり，かつ主体的・創造的に生きていくことである。

　生まれた子どもは，自分がどのように生活すればよいか——生活要（欲）求をどのように充たせばよいか——本能的な（先天的にもって生まれた）力に頼るほかには，その方法を知らない。子どもは，親に一方的に依存することから生活をはじめる。しかし，やがては親から独立し，自分で生活するという社会的自立が求められる。つまり，「その社会の中で生活するのに必要なさまざまな諸要（欲）求を自分一人で充足させる」ことが求められるのである。これを「社会的自立」とよぶなら，この過程が子どもの社会的成長・発達（社会的に育つ）の過程にほかならない。

　さて，子どもが社会的自立をはかる，自分一人で生活要（欲）求を充たすためには，その社会の中で一般化され標準化された（より多くの人たちがそれを分有，

採用，支持している）ものの考え方や行動の仕方すなわち行動様式(behavior pattern)＝文化 (culture)に拠る，すなわちそれに従い，それを採用することとなる。本能的な力(方法)によっても生活要(欲)求の一部は充たされるが，ほとんど多くはその社会の中で生活をすることによって後天的に身につけた（学習した）行動様式に拠っている。この行動様式はまた，その社会の中で世代から世代へ受け継がれてきているものである。

こうした行動様式＝文化は大きく分けて3つの側面をもっている[2]。

まずは精神的文化である。芸術や哲学，宗教，科学といった精神的に価値の高いものであり，私たちは芸術で美しいものを探り，哲

行動様式は世代から世代へ受け継がれていく。

学で人間としての生き方を，宗教で心の安らぎを求め，また，科学で普遍的，実証的，体系的にものを考える方法を得ようとするのである。第2は物質的文化である。まことに簡単な箸や茶碗などの日常的道具から高度に発達した機械までも含み，これらを用いて物質的な要(欲)求を充たしている。一般的には，これは文明(civilization)とよばれるものであり，対して精神的文化をのみ文化(die Kultur)とよぶこともある。第3は制度的文化である。ふつう，きまり・きそく・やくそく・ルールとよんでいる社会規範 (social norm) であり，私たちの社会生活のほとんどはこれに従ってすすめられている。

3．文化の習得と子どもの社会化

いま述べたように，文化とはその社会の中で標準化・一般化されている行動様式であり，私たちはそれを用いて生活要(欲)求を充たそうとしている。その社会の中で生活するためには，文化とよばれる行動様式に従って行動すればその要(欲)求は充足される。いいかえれば，その要(欲)求を充足するためには文化に拠らねばならないこととなる。

したがって，社会的自立をはかるためには，子どもはこうした文化を習得しなければならない。文化の習得過程は，ふつう「社会化」(socialization)とよばれる[3]。

　社会化の過程で注目すべきは，文化のもつ第3の側面である。制度的文化は具体的には法律や慣習，モーレス(道徳的慣習)という社会規範である。これは，その社会の中で，そうすることが「正しい」，そう「すべきである」とされている行動様式，行動の仕方，ものの考え方，約束である。

　私たちが生活する社会では，いろいろ多くの人たちがそれぞれ自らの欲求を充たそうとしている。欲求のおもむくままに各自が行動をとったのでは混乱を招くのみである。そこには一定の約束(社会規範)があり，それに従って行動することが了解されている。それゆえ，それに違反したならば何らかの制裁が加えられる。それがために人々は約束を守ろうとする。制裁が加えられるのを好まないからである。私たちはその社会の存続にとって約束を遵守することがより強く求められる場合に，違反者へより強い制裁を加えることによってそれを期待する。

　文化＝社会規範はその社会の中で公認された行動様式であり，それに拠れば要(欲)求を充足できる。しかし，一方で，文化はその社会で要(欲)求を充足するためにはそれに拠らざるをえない（そのとおりせざるをえない）ものであるから，その社会で，人々が要(欲)求を充足させる手段であると同時に社会秩序の維持をはかる手段として機能するという2面性をもつのである。

　この文化の2面性は，後段展開される，たとえば「園生活におけるおやくそく」といったテーマを考えるのに非常に大切な手がかりを与えてくれる。また，「遊びにおけるルール」でも同じで，ルールのもつ意味を考える手がかりとしたい。（保育所保育指針では，これらおやくそくやルールなどを「きそく」にまとめて使っている。）

　ところで，子どもが人間として生活し，社会的自立をはかり，豊かな人間として成長していくとき，主体性・創造性の涵養も欠かしてはならないのである。高度に発達し，複雑に分化した現代社会で，子どもは社会化過程でより多くの，より高度の知識や技術の習得が要求される。確かな知的判断力も必要である。さまざまな価値観のなかから「望ましい」価値を選択し体得していくためには，

創造性と主体性を確立する芽をしっかり育てなければならない。

個人は社会によってつくられる（社会の中で育つ）と共に，社会をも自らつくっていくものである。索漠とした現代社会の中で，愛情ある人間関係＝社会を子どもたちに築かせるためには，安定した情緒の習得やより豊かな情操の芽生えも要求されるのである。

II　子どもと保育環境

1．子どもの生きる現代社会

(1)　都市化と人間生活

社会的存在としての人間の生活には社会のあり方が大きくかかわってくる。われわれが生活し，子どもが育つ現代社会とはどういう特徴をもっているのであろうか。昨今，都市化，核家族化・少子化，価値観の多様化などの社会の変化（社会変容 social change）が指摘されるが，まずここでは都市化について述べておこう。

一般に都市化（urbanization）という場合，農地や漁場が潰廃し，工場が進出して市街地化し，村落社会が都市社会に変容することをさす。そこでは農林漁業（第一次産業）が衰退し，製造業・鉱工業，商業・サービス業といった第二次，第三次産業が優位を占める。この産業構造の変化は，わが国のGDP（国内総生産）を大きく伸ばし，物質的豊かさをもたらした[4]。しかし他方では人口が都市に集中し，快適な生活の限界を越えるほどの過密状況も引き起こされる。また，日常生活の維持が困難となるほどの過疎（人口流出）現象を呈していることも忘れてはならない。

こうした傾向が都市化とよばれる。しかし，今日の日本では単に農村社会が都市社会に変わるというのではなく，特定地域（ムラといわれてもマチといわれても同じように）に，そしてそれらを含む全体社会にもこの傾向がみられるのである。とすれば，私たちにとってもっとも注目しておかねばならない都市化の課

題は次の2点となる。

(2) 生活の都市化

まず,「生活の都市化」で, これは生活様式の合理化・近代化・高度化として捉えられる。耐久消費財の普及, 食衣生活の高質化, 余暇活動の一般化など, 消費生活が「豊か」に「便利」になってくることである。しかし一方では, 通勤難や交通渋滞・事故, 住宅の不足や質の悪化, 医療・福祉・教育・文化施設などの不足, 大気汚染・騒音・地盤沈下・日照侵害・電波障害などの都市公害, そして非行・犯罪などの増加といったいわゆる都市問題に悩まされ,「住みにくい」社会が出現する。

このようにみてくると, かつて日本人が昭和40〜50年代に課題とした物質的豊かさ (パイの論理) が, 必ずしも, それだけでは人間らしい生活, 幸せを保障してはいないことがわかるのである。たしかに豊かさは, ひもじさから開放してくれ, 生活には余裕を生じてきた。ある程度の心のゆとりさえもたらした。しかし豊かさは, いつでもどこでも必要なものは与えられるという錯覚・思い違いをもつことになる。今日では, ものを大切にする気持ち・態度・価値観をわれわれから奪っていく傾向も強い。

(3) 人間関係の都市化

さらに,「人間関係の都市化」という点にも注目しなければならない。かつて農業・漁業を営む農漁村社会においては, 生産活動と消費活動との場が同じであった (一定の地域の中で職場と住居とが同じところにある:職住一致)。とりわけ稲作中心の, しかも労働集約農業では, 家族・親族総出, ムラぐるみでなければ経営は成り立たなかった。あわせてそこでは, 人々は生活のあらゆる面で共同 (協働) しなければならなかった。したがって, 人々は, 全人格的にふれあう (人がらと人がらとがふれあう) ことになり, 仲間意識や連帯感 (メンバーシップ) も強かった。ある特定の目的がなくても, 人々は日常的に交渉・接触をもち共同生活を営んでいたのである。さらに, 住民の定住性も高く, したがって伝統主義的な価値観が支配的であった[5]。

しかし, 都会に典型的であるように, 第二次, 第三次産業が優位を占めると, 当然住居と離れたところに職場が位置することになる。消費活動 (住居) と生産活動 (職場) の場が異なるため, 共同 (協働) の必要はうすれる。また, 人口集

中という動きにともなって人々の出入りが激しくなり，住民の定住性にも欠ける。そのため，日常的な人がらと人がらのふれあう機会に乏しい。また，生活上の必要が，会社や組合，クラブ，学校といった特定の働きをする集団（機能集団）に所属することにより充たされるため，対人関係は広範囲化，複雑化する。しかし，そこでの人々のふれあいは，その目的を果たすためのもの（目的的）であり，合理的な価値観が支配し，全人格的な接触はみられない。それは一時的・部分的かつ匿名的で，「必要に応じて」付き合う関係となる。

つまり，都市化のすすんでいる社会においては，とりわけ地域生活で地域の人たちが相互扶助のネットワークを形成することが困難である。今日では，私たちにとって地域はただ単に「ねぐら」と化しているのが現状である。

このようにみると，ムラ（イナカ・農漁山村）といわずマチ（トカイ・都市）といわず，いずれにも「都市化」現象は認められるのであり，こうした傾向のより強い社会を都市化社会とよぶことにしよう。したがって，今日の日本社会そのものが都市化社会とよんで差し支えないであろう。（今日，保育所に求められている一時保育や子育て支援センター事業，幼稚園に求められている地域の幼児教育のセンターという役割期待は，この都市化が大きく作用していることはいうまでもない。）

2．子どもにとっての家族

(1) 人間と家族

私たち人間は，家族の中に生まれ出，家族の中で成長する。うぶ声とともに，この世に生をうけると同時に所属し，最初の環境として見出す社会（集団）が家族である。この家族の中で，子ども（人間）は父親や母親，きょうだい（兄弟姉妹）などとの生活を通して，自分以外の人間の存在を知り，彼らとかかわりをもって毎日を過ごす。また，子どもは家族の中で身体的成長を遂げ，言葉を覚え，生活上のきまりやものの考え方を身につけ，そしてさまざまな知識や技術を習得するなど，社会生活のための基盤がつくられるのである。

子どもは成長するにつれて，友達（仲間）や幼稚園・保育所，学校，職場というようにその生活領域を広げていくが，子どもの社会生活の出発点となるのが家族である。「三つ子の魂百まで」のことわざにもあるとおり，成人してからも

持続する(幼ければ幼いほど,そのときに身についたパーソナリティは成長してからもなかなか消えずに残る)ようなパーソナリティが形成されるのは乳幼児期であり[6],この重要な時期をふつうは家族の中で過ごす。また,たいていの場合,人間は一人前になると結婚して自分の家庭(家族)を築き,自分の子どもを生み育てていき,年老いてその中で死んでいく。このように,一般的に言って,家族はわれわれにとって,一生を通しての私的な生活のよりどころとなるものである。

同時に,家族は,社会のさまざまな仕組みを構成する基礎的な単位をなしている。歴史的にも,最も古い時期から存続してきている集団なのである。

家族は人類の歴史とともに古い集団といわれる。家族を,人類の歴史というきわめて長い,激動に富んだ過程に一貫して存在してきたものと理解するためには,まず人類がもつ生物的特性にその根拠を求めなければならない。

そこであげられる第1点は,人類の生殖が単胎を原則としている点である。すなわち,人類以外の高等動物が多胎の生殖・分娩を行い,そのうちの何割かが成長途上で死亡し,あるいは共食いやより強大な動物のえさとなってしまうという危険性にそなえているのとでは大きな違いである。

次に,生殖期間——妊娠期間の長さである。10か月に及ぶ妊娠期間のため1年に1人程度しか,1人の女性による人類の補充はできない。これは第1の点と結びついて,生物としての人類(ヒト)の存続をいっそう困難ならしめている。

最後は,出生直後の生物的未熟度が問題となる。たとえば,ライオンやトラの妊娠期間は100日前後で,生まれた子は目も見えず耳も聞こえない。育てるのに日数も手間もかかる。しかし,親が強い猛獣のため外敵から子をまもることは容易であり,したがって,胎外でもゆっくり育てることができる。一方,シマウマやキリンの妊娠期間は長い(350日〜450日)。その子は,生後すぐにでも数十キロの速さで走ることができるという。弱い動物であるため,自力で敵から逃れられるよう胎内で十分に育ててきたのである。では,人類(ヒト)はどうか。比較的長い妊娠期間を経て生まれてくる子は,呼吸と排泄を中心とするごく基礎的な能力しか備えていないままで,母胎から離される。生物的には未熟[7]であり,親も生物的弱者である。

このように,人間は人類(ヒト)として,生物学的に弱者であるが,それにもか

かわらず自然の中でその長い歴史を歩んできた。したがって，その過程でわれわれ人間はきわめて緊密な集団をつくり，成員とりわけ新生児や産婦について手厚い保護と養育をなす必要があった。言い換えれば，人類（人間）は，家族のような集団を欠いては生存できない生物(存在)であったと言えよう。

(2) 家族の目標と働き

家族をさらに立ち入って考えてみるために，まず，家族の定義から始めよう。

すなわち，家族とは「夫婦関係を基礎として，親子・きょうだいなど少数の近親者を主要な構成員とする，第一次的な福祉追求の集団である」[8]。

いま注目すべきは，家族の目標が「福祉追求」と明示されていることである。筆者は本稿執筆にあたっての家族をとらえるための基本的姿勢をここに求めている。つまり，家族は，それを構成するメンバー（夫婦や親子やきょうだいなど）一人一人の「福祉」を追求し，実現しようとするところに目標（存在するところの意味）があるというものである。

ここにいうところの「福祉」とは，言うまでもなく well-being, welfare（よきあり様・幸せ）という意味である。筆者は，さらに言い換えて「人間らしく生活する」という意味とする。

では，家族は，福祉追求という目標を果たすために，具体的にはどのような働き（機能）をするのか。次に，家族の本質的機能[9]とされるものを5つあげておこう。

① 性的機能（性的制度としての家族）

家族は，異性間の（ただし夫という地位にある男と妻という地位にある女の）性的関係が合法的に公認されている場である。個人（夫と妻）に対しては，性的・愛情的欲求を充足させ，一方で性的統制の役割をもつ。すなわち，男女の性的欲求の充足を道徳的（モーレス・道徳的慣習）に家族内（夫婦）だけに制限する。性的欲求は正式な結婚（婚姻）関係においてのみ充足されるのが望ましいとすることによって，社会の性的秩序を維持している。したがって，家族は性的制度としての働きをしているのである。

② 生殖機能（生殖機関としての家族）

人間はふつう，子どもを生みたい，子の親になりたいという欲求をもっている。これは種族保存，種の再生産という生物学的・基本的欲求でもある。子ど

もの出産は一般的には家族内で行われ，家族外での出産（すなわち夫婦以外の者が子どもをつくること）は，たいていの社会では，それは否定的であり積極的に公認してはいない。この点から，家族は，子の親になりたいという欲求を充足させるとともに，社会的に認められた唯一の出産——生殖，したがって社会成員を補充するための機関ということができる。

③ 経済的機能（経済単位としての家族）

かつて家族は，自給自足体制のもとで生活必需品をすべて生産し，それを消費していた。社会の進展により社会分化がすすみ，社会的分業が増大するにつれて，自給自足体制はくずれた。今日の経済生活では，社会的分業に参加し雇用労働に従事することによって収入を獲得するのが一般的である。また，その収入によって，家族員の衣食住に関する要（欲）求やより高度な人間生活のための文化的要（欲）求など複雑化・多面化した諸要（欲）求を充足させる。また高齢者や子どもなど直接生産労働に従事しない家族員を扶養している。このように，家族は日常的な経済生活の単位として，家族員の物質的安定をはかっているのである。個々の家族は，社会に対しては社会構成員たる家族員の生活を維持することによって，また労働力を提供し社会的分業に参加することによって，社会全体の経済的秩序を保っている。

④ 教育的機能（社会化の担当者としての家族）

生殖機関としての家族には，子の出生にともなってその教育的機能が要求されてくる。子どもはその社会化の過程で，社会生活のための知識や技能，規範や道徳，価値観などを習得しなければならない。健康な身体もつくらなければならないし，安定した情緒と豊かな情操も必要である。そのために，幼稚園や保育所，学校など教育機関や施設が整備されていかねばならない。しかし，基礎的なパーソナリティの形成にとって最も重要な乳幼児期には，その生活の大部分を家族内で過ごす（保育所の場合は「その生活時間の大半を（保育所で）過ごす」が，土・日・祝日などは家庭にいる）。学校や仲間へと子どもの生活領域が拡大しても，食事や就寝といった日常生活の中心的な場は家族（家庭）にある。子どもはそこで両親との間に密接なふれあいを保ち，その接触を通してさまざまなものを学ぶのである。このように家族の教育的機能は子どもの社会化[10]という働きをするとともに，社会に対しては，社会生活のために必要な知識や技術を身

につけた人間を社会に送り出し，社会秩序を維持したり文化[11]を次の世代に伝達するという働きをする。

⑤ 休息機能（いこいの場としての家族）

現代のように高度に発達し複雑に分化した社会では，都市化・産業化・大衆化・情報化のもとで人格的・対面的な接触がうすれているので，精神的な苦痛や緊張をときほぐし，あすの生活への意欲を高める場として機能する。家族はあたたかい雰囲気をつくり，情緒的安定感を与えてくれる。こうして家族によって与えられた個人のいこいは，社会全体の安定をもたらすことにもなる。大衆化のすすむなかで自己疎外が大きな問題となっている今日，いこいの場としての家族(家庭)のもつ役割はけっして無視できない。

いこいの場としての家族

　　家族のもつ機能が多面的・包括的であるかぎり，それは上記のものにとどまらない。時代や地域をはじめ，家族をとりまく社会的諸条件によって機能は規定される。とくに派生的機能とされるものについてこのことはあてはまる。わが国において，かつて先祖崇拝の信仰心が強く，家族ぐるみ同一の宗教を信じていたときは，宗教的機能は大きな意味をもっていた。しかし，都市化・近代化で先祖崇拝の念がうすれ，また宗教（信仰）が個人レベルに移行するに及び，この機能は都市家族ほど弱化している。疾病傷害や外敵から家族員とその財産をまもるという保護機能も，医療制度や社会保障制度・社会福祉の発達，治安機構の確立・整備によって大幅に後退している。さらに家族は，その家族員に社会的地位を付与するという働きも併せもっていた。個人の受ける社会的評価や地位は彼自身の業績ではなく，むしろ家族がその社会に占める地位に拠っていた。また結婚し家族をもつことによって一人前として扱われるのが常であった。この機能は，今日でも衰えておらず，いろいろなところで認められる。娯楽機能については，商業的娯楽施設の進出が著しい一方で，マイホーム志向の高まりと娯楽用品の整備につ

れて，家族単位のレクリエーションの機会も最近は増大してきている。

(3) 2つの家族のタイプ

　私たちはだいたい次にみる2つのタイプのいずれかの家族生活を送っている。一つは二世代（以上の）夫婦が同居する直系家族（親が一人の子どもの生殖家族と同居する）であり，もう一つは一世代夫婦の核家族（夫婦家族）である。子どもからみると，前者はおじいちゃんおばあちゃんのいる家族であり，後者は両親（ときょうだい）だけの（一組の夫婦と未婚の子どもからなる）家族である。

　近年来，わが国において核家族化が特徴的なものとして指摘されてきているが，それは直系家族が減少し，核家族が増えてきた傾向あるいは核家族が大勢を占めている状況を示したものであるが，その実態は表2-1にみるとおりである。

　かって戦前社会では核家族世帯が直系家族世帯を若干上回る程度であった。戦後社会では核家族世帯が増え，直系家族世帯が減少してきており，今日では

表2-1　世帯（家族類型）構成の変化　単位：千世帯（構成比）

	大正9年(1920)	昭和35年(1960)	昭和50(1975)	昭和60(1985)	平成7(1995)	平成17(2005)	平成22(2010)	平成27(2015)
核家族的世帯	(54.0)	11,788(53.0)	19,980(59.5)	22,804(60.0)	25,703(58.5)	28,327(57.7)	29,207(56.4)	29,754(55.9)
直系家族的世帯	(約39)	6,790(30.5)	6,988(20.8)	7,209(19.0)	6,958(15.8)	6,278(12.8)	5,765(11.1)	5,024(9.4)
単独世帯	(6.6)	3,579(16.1)	6,561(19.5)	7,895(20.8)	11,239(25.6)	14,457(29.5)	16,785(32.4)	18,418(34.6)
総数	(100.0)	22,231(100.0)	33,596(100.0)	37,980(100.0)	43,900(100.0)	49,063(100.0)	51,842(100.0)	53,332(100.0)
人口		94,302(100.0)	111,940(118.7)	121,049(128.4)	125,570(133.2)	127,768(135.5)	128,057(135.7)	127,095(134.7)
平均世帯人数	4.89人	4.97	3.35	3.22	2.82	2.55	2.42	2.33

(注) 1）大正9年は戸田貞三著『家族構成』，ほかの年次は「国勢調査報告」より作成。
　　　平成7年から17年までの数値は，新分類区分による遡及集計結果による。
　　2）「直系家族的世帯」は「その他の親族世帯」である。
　　3）人口の（ ）は昭35（1960）年を100.0とした指数である。
　　4）総数には「その他の世帯」を含む。また，世帯の家族類型「不詳」を含む。

表2-2　世帯構造別にみた保育所利用世帯の状況
単位：世帯(%)　　　　　　　　　　（平成27年10月1日現在）

総数	100.0
両親と子の世帯	73.4
三世代世帯	14.4
母子世帯	11.2
父子世帯	0.7
その他の世帯	0.2

（「平成27年地域児童福祉事業等調査結果の概況」厚生労働省）

核家族世帯が約56％，直系家族世帯が9.4％となっている。また，単独世帯の伸びも著しい。あわせて，ここに数値として示していないが，単親家庭（父子家庭，母子家庭）の増加も看過できない。

　表2-1は全体世帯（単独世帯も含めて）の値である。子どものいる世帯ではどうか。表2-2は保育所園児の子どもの世帯の家族タイプをみたものである。表によれば，核家族世帯と直系家族世帯との割合は73.4％と14.4％となっている。地方差，地域差もあるが，核家族が直系家族を上回っているのは一般的傾向である。この傾向は都市においてより顕著である。

　さて，このタイプを異にする直系家族と核家族は，それぞれ私たちが生活する場，子どもの育つ環境（人と人とのかかわりの場）としてどういう意味をもつかを考えてみよう。

(4)　家族制度の変化

　われわれの家族生活を理解するために，まず日本社会に伝統的な「家（イエ）」制度の説明から始めよう。直系家族は，二世代以上の夫婦が同居する家族であるが，これはかつては「家」制度によって支えられたものであった。家制度は，わが国において昭和戦前期まで支配的であった家族制度のことで，「家族生活の統率者として家長をたて，家族そのものに属する財産（家産）や，代々の家長が中心になって行う家職や家業をもち，家系上の先人である先祖を祭り，家族が直系的に世代を超えて存続繁栄することを重視する」[12]という特徴をもってい

る。

　「家」制度のもとでは，家長としての夫や父親の権威は絶大で，これを頂点とするタテの人間関係が成り立つ。また個人よりも家が優先され，家の一員としての行動がまず要求される。妻（母親）は「家の嫁」としての地位と役割を与えられ，子どもにとっても長子相続制のもとでのきょうだい間の地位の上下関係，男子優位の考え方が明確になっていた。

　ところが戦後，日本国憲法の制定，民法の改正をはじめとする諸改革，新しい価値観の導入によって，家制度は否定の方向に向かった。

　戦後は「個人の尊厳と両性の本質的な平等」に基づく家族制度のもとで新しい家族生活がはじめられた。都市化の進展とあいまって，昭和30〜40年代には家族構成の面でも大きな変化が生じた。それは家族員(世帯員)の減少であり（平均世帯員は大正9年4.89人，昭和15年5.00人，同35年4.97人，同40年4.05人，同50年3.35人，同60年3.22人，平成2年3.05人，同7年2.82人，同17年2.55人，同27年，2.33人と推移している），子どものいる世帯割合の減少（昭和50年53.0％，同55年49.9％，同60年46.7％，平成2年38.7％，同7年33.3％，同12年32.5％，同17年30.7％）である。また，すでにみた表のとおり，核家族世帯の増大である。

　　いまの生活で，直系家族的世帯は9.4％みられるが，それらがみな上述の「家」制度に規定された直系家族であるとはいえない。むしろ，「家」制度からは直接規定をうけず，その時の事情・条件に見合うものとしてこのタイプを選択しているものも少なくない。

⑸　**直系家族と核家族のもとでの生活**

　いうまでもなく，核家族は一組の夫婦とその未婚の子どもからなる家族で，祖父母は同居していない。家事をはじめ生活全般にわたる二世代夫婦間の葛藤・対立（主として姑と嫁の異世代葛藤）はないが，経済的・心理的援助や協力，依存によるメリットも期待できない。育児の技術や知識についても，祖父母から日常的に，かつ直接的にうけつぐ機会に欠ける。

　職場における緊張や欲求不満からの解放を相互に家庭（マイホーム）に期待する夫婦は，相手が期待どおりの役割を遂行しないとき，しばしば心理的葛藤に悩む。夫と妻（父と母）の葛藤・対立は，直系（二世代夫婦）家族では同居の祖

父母によって緩められあるいは防止されることもあるが，核家族では，この同世代葛藤はそのはけ口が子どもに向けられることも少なくなく，果ては家族崩壊という危険性もはらむ。さらに，最近，一人の人間として未だ十分に育っていない者が親になっている夫婦が目立つ。かれらにとって，あらゆる面で長い生活経験をもつ祖父母に期待できる役割はとりわけ大きいはずである。

こうした核家族化の傾向に加えて，母親だけ，父親だけの単親家族の存在も無視できない（「一人親と未婚の子のみの世帯」は昭和50年に139万世帯であったが，令和元年には361万世帯と増加している）。一般的には，父親がいないときは生計維持に，母親のいないときは家庭的・情緒的支えに不足を生ずる。また，一人の親がもう一人の親の役割を果たす困難さに遭遇する。とくに，子どもにとって社会化の担当者としての父，母いずれかがいないことのダメージは決して小さくはない。

また，子どもが少なくなってきていることは，きょうだいが少ないあるいはいないことになり，家族内での社会化の機会が大幅に損われる。これは社会的には遊び仲間の形成に困難をもたらすことにもなる。

(6) 女性就労の動向

女性就労の動向についても述べておこう。近年の女性就労の増大（昭和30（1955）年に531万人だった女性雇用者は，令和元（2019）年に3,058万人と，64年間で約6倍に増加している）が，保育所保育の場と機会を量的に要求することになったのは周知のとおりである。また，いわゆるM字型就労パターンのM字の谷が浅くなりつつあることもこのことを同様に説明する。1985年成立の男女雇用機会均等法の評価はともかく，女性（母親）の就業構造への本格的参画は，男性と同時に時間外・不規則労働や休日労働を要求される。一方で低賃金の分野での就労も目立つ。女性（母親）の労働時間や就業条件が男性のそれと同じパターンに組み込まれればそれだけ，育児・家事の遂行とのギャップを大きくする。母親自身，育児・家事と就労の両立に努めようとすればするほど，そのジレンマに陥り，そこに就労条件の改善と夫婦間の役割分担の再調整が必要となるのである。

(7) 子どもの社会化の担当者

一般的な意味での「しつけ」や「教育」，「保育」などは，子どもの社会化を

図る営みであり,これらは大人の子どもに対するいわば「意図的」・「計画的」行為である。子どもは,大人からの意図的働きかけによって成長・発達を遂げていくのであるが,社会化過程では,大人の「知らないうちに」子どもが文化を内在化するという「無意図的」社会化も重要である。このようにみると,今日の社会では,子どもの社会化の担当者(エージェント)は多岐にわたっている。家族や遊戯集団(友達・仲間)などの第一次集団をはじめとし,保育施設——幼稚園や保育所——,かれが所属するその他の集団——塾・クラブ・教室——,さらにマスコミなど広範囲に及ぶ。それゆえ子どもは「生活全体の過程で社会化させられている」[13]と言えよう。

しかし,なかでも社会化担当者としては,親やきょうだい,保育者に注目すべきは当然であろう。ここでは,親ときょうだいについて述べておこう(保育者については後段で触れる)。

① モデルとしての父と母

家族は子どもが生まれてはじめて所属する社会であり,最初に体験する人間関係が親子関係である。子どもはまず,受身的に親からの働きかけ(しつけ)を受け入れるとともに,親が意図するとしないとにかかわらず親の日常生活(生きざま)からさまざまなことを学んでいく。したがって,親子関係のあり方は,現在の子どもの行動や将来の人間形成に大きくかかわってくる。以下に親と子の関係について考えてみよう。

第1に指摘すべきことは,子どもの社会化のモデルは親であるということである。子どもが親と日常的に接することにより(親への全面的依存から自立への過程のなかで),親のもつ生活態度,ものの考え方・見方を習得していく。また,父親は性別役割における「男性」としてのモデルであり,母親は「女性」としてのモデルである。そのためには親自身がその生き方・考え方を正さねばならないことはもちろんである。

第2に,親が子に対するときには確たる信念をもつことである。親がいま,社会的に経済的に高い地位にいなくとも,いままで精一杯生きてきた貴重な体験を基にすることである。その真摯な生き方や経験をそのまま子どもに示すべきであろう。

第3に,子どもは「親の子」であっても親とは「別の人格」として捉えるこ

とである。子どもを親の私的一部分とするのではなく，一個の独立した人格としてのその尊い幼い生命の成長・発達に責任をもつべきである。

そして，子どもの個人差を十分配慮し，子どもの個性を全体的に把握することも忘れてはならない。尊い生命を授けられたものとして誠実に，真面目に子どもを育てなければならない。

② きょうだい関係

社会的な育ちにとってきょうだい関係も大きな役割を果たしている。子どもの数の減少傾向が目立つ今日ではあるが（国民生活基礎調査によれば1世帯の子ども数は令和元年1.68人，また，少子化は合計特殊出生率が令和元年1.36という値であることからもわかる。なお，いまの人口を維持するのに2.08必要といわれている），きょうだい関係の意味を述べてみよう。

子どもは生まれると母親への一方的依存と親の愛情を独占するが，第2子（弟や妹）が生まれるとこうした親との関係が脅かされる。弟・妹と，親の愛からの働きかけを奪い合うようになる。また，物や食物の争奪戦も展開される。このように，きょうだいは子どもにとってほとんどはじめての「競争的他者」となる[14]。この「競争的他者」の存在は，具体的には「ケンカ」の体験となる。つまり，自己主張と自己主張のぶつかり合いである。かれらは互いに嫉妬し敵意をもちながら，日常的に，自分のやりたいことを外に出すのである。

一方では譲り合いや許容を身につけて（親から教えられ，自らも学んで）成長していく機会ともなる。また，日常的なきょうだい間のふれあいの中で，それは弱者に対するいたわりも体験するようになる。弱い・幼い弟妹の世話をすることにより，いたわりや思いやり，愛情を習得する。

さらに，弟や妹にとって兄や姉は，自ら同一視すべき到達すべきモデルである。兄や姉のやっていることをじっと見て，そのとおりやろうとする。

こうした他者との競争における逞しさや，劣るものへの配慮，一体視すべきモデルを身近にもつことは，幼稚園・保育所での共同生活への適応や遊び仲間とのかかわりをもつことへの基盤として役立つ[15]。

(8) 家族が子どもに教えるもの（課題）

以上に述べてきたような親子関係やきょうだい関係の中で，家族は子どもたちに何を教えることができるであろうか。

家族は，日常的な全人格的な接触のもとに，利害とかかわらない感情融合に支えられている集団であるから，子どもの社会性習得過程においては，幼稚園や保育所とはおのずから違った役割が与えられているはずである。それには，基本的生活習慣の体得と人間としての基礎的な価値態度の形成を掲げることができよう。

　習慣とは日常的に繰り返されることによって個人的に身についた行動の型であるが，ここにいう基本的生活習慣は，子どもがその身体を健全に維持するための社会的に公認された行動の型であり，対人関係における最低限度のマナーである。前者は食事・睡眠・排泄・着脱衣・清潔の自立を，後者はあいさつ，感謝などをさす。

　次に，人間としての基礎的な価値態度（基本的態度）であるが，これには次の5点が含まれる。

　第1に「愛情」である。筆者は，「愛情」を「報いを望まずひとに与える」ことと定義したい。その意味で愛情は人間が生まれながらにして生来的に備えているものではなく，社会的後天的に身についていくものである。愛されることを知らずに育った人は，他人を愛することができない。本能的であるとさえいわれる母性愛ですら，子捨て・子殺し，虐待のニュースに接するたびに後天的に形成されるのではないかと疑う。この愛情はまさしく第一次的には親子関係の中に，そしてきょうだい関係の中に育まれるものである。

　第2に「良心」である。良心の形成とは自分が正しいと信じるところにしたがって行動しようとする気持ちを育てることである。この良心は，真に優れたもの・卓越したものを尊び敬う（畏敬する）という姿勢に通じるものであり，良心の声に従う姿勢は，日常生活における自分の行動を律する基準となろう。

　第3は「主体性（自立性）」である。本来人間にとって依存は快い。自立は大層困難で努力を要する。しかし社会化の過程では，自分のことは自分で責任をもつという態度の習得は不可避の条件である。

　また，「勤勉」であることも重要である。完成品を一方的に与えられるのではなく，その子なりの創意工夫を凝らしてコツコツと真面目に努力して自らの力で創造していく姿勢は，人間として欠いてはならないものである。

　最後に「情緒」の安定を掲げておこう。うれしいときには喜び，悲しいとき

には悲しむといった安定的な感情（情緒）を育てることが大切である。これはより豊かな情操の発達の基となろう。

　もし，「愛情」を知らなければ，たとえば高度な知識や技術を習得したとしても，効率や合理性のみを追求する冷酷な人間をつくるであろうし，行動の基準を「良心」に求めない場合，利害によってしか動かないであろう。「主体性」が育たない人間は依存的甘え人間であり，「勤勉」であることに努めなければその人間はものごとを本質的に把握する力に欠けよう。さらに，「情緒」に安定性がない場合は，安定した精神生活をエンジョイできないであろうし，豊かな人間関係も築けない[16]。

　こうした人間が人間らしく存在するための基本的態度は，合理的組織的な人間関係や整備された機構の中でというより，むしろ日常的な人がらと人がらのふれあう家族の中でこそ育つものであり，かつ最も可塑性の高い乳幼児期にこそ形成されるものといってよい。

3．子どもにとっての地域

(1) 地域生活とは何か

　かつての地域社会（ムラ・マチ）は人々が生産と消費の活動を共に営む場であり，近隣の日常的な互助・協働が必要とされた。そこでは「村人」（ムラビト）を養成するために，子どもたちは「子供組」，「若者組」に所属して「一人前の村人たる資格をうる」[17]に必要な訓練をうけた。その指導にあたったのが年長の子どもであり，ムラの青年であり大人であった。

　ところが，産業化や都市化の進展にともなって生活上の要求が地域社会の中だけで充たされなくなると，地域社会が子どもを育てる必要もなく，その能力も失ってしまった。また，前述の，子どもの絶対数の減少は地域での遊び仲間を形成するのを困難にさせ，いきおい集団生活の経験を保育施設に求めざるを得ない状況を呈しているのである。

　とはいえ，生活の拠点たる家族は，さらに地域社会に拠って立っているわけであり，したがって，地域社会・地域生活のあり方は，私たちの生活・子どもの育ち・社会化に大きく影響する。

　地域社会（コミュニティ）とは，一定の地域的広がり（土地）のなかに営まれ

る生活共同社会のことである。つまり，一定の地域的範囲に住む人たちが，日常的に互いに働きかけ合うこと（社会的相互作用）によって生ずる一定のまとまりをさす。

　もともと地域社会という語は，マッキーバー（R.M. MacIver）により，コミュニティ（community）としてアソシエイション（association）の対置概念に用いられた[18]。彼によれば，コミュニティは人間が一定の地域に一緒に住んで，生活の種々の側面にわたって互いに接することによりおのずから共同の（他と区別されるような）社会的特徴（社会的類似性・共同の社会観念・慣習・伝統・共属感情）を生じている。ある程度そこで生活上の関心や要求が満たされる包括的，自足性をもった社会をさす。具体的には，村落，都市，地方などを例としてあげる。対してアソシエーションは，コミュニティを基盤とし，人為的・計画的に特定の目的を達成するためにつくられた社会で，会社，学校，病院などが例としてあげられている。

　この概念そのものの議論はともかく，ここに示されている地域性と共同性の2つの視点は，地域社会の理解に役立つ。人間にとって，生活する場合一定の地域に定住すること（期間の長短はともかく）（地域性）と，他の人へ働きかけ他から働きかけられて共同して生活する（共同性）ことは，避けられないからである。

　地域社会についてはさまざまな立場からの定義がみられるが，本書では，次に示す松原治郎のそれに従ってみる[5]。

　　地域社会は，①乳幼児から高齢者に至るまで多様な人々が，見方を変えれば，個人が生涯を通して，②ある特定の地域空間内での定住を前提として，日常的な生活行為を遂行していくうえで，③地域の自然条件（生態系）とのかかわりをもち，④また，生活環境施設条件を利用しつつ，⑤見慣れた人々相互の対面的な接触によってつくり上げる社会であり，⑥そこには，それらの人々の遂行している慣習的な生活過程と生活様式が生み出した共通の規範体系が存在する。人々は，それらの自然や社会や文化によって行為を日常的に規制されると同時に，地域社会に共通の自然・社会・文化体験をもつことによって共感を覚え，さらにより高い結合をつくり上げていく。

　このように，地域社会とは，一定の地域的広がりのもとに，いろいろな人た

ちが面接的（顔と顔とをつき合わせる）接触を繰り返し，日常的につながり，そこに共通の規範ができ，共感を覚えるような社会をさしているのである。

(2) 地域社会の生活

いろいろな人たちが日常的接触を通して生活する地域社会には，その生活上の必要からさまざまなつながりが生ずる。そのかかわりやつながりが集団として組織性をもつものを地域集団とよぶが，それは，そこに住む人たちの相互依存や，連携が各方面から求められることによって生まれたものである。

地域集団には，そこに住む人たち全体に共通する問題を取り上げる町内会や自治会，年齢層にしたがってそれぞれ組織される子ども会や老人クラブ，行政組織の要請をうけたり補助をしたりする外郭団体（納税組合など），そして，住民が任意に結成する市民グループ，サークルなど，いくつかのレベル，種類がみられる。

一方，地域社会では，近所付き合い，近隣付き合いとよばれるつながりも見逃すわけにはいかない。さきの地域集団のような組織性には欠けるが，場所的に近接している（地縁的）関係である。近所付き合いは，一般には，村落社会において強いが，都市社会においても，地域社会での大きな役割を果たしている。たとえば，日常的あいさつを交わすことから金品の貸借，留守番やサービスの交換などいろいろである。

この関係は，いわゆる第一次集団（プライマリー・グループ）とよばれるもので，日常的な接触が連帯感をうみ，仲間意識を深め，相互依存・互助の働きをする。さらに，日常的人格的接触であるから，子どものパーソナリティ形成に影響を及ぼすことはいうまでもない。

(3) 地域生活と子どもの育ち

このように，地域社会では，多くの人たちのふれあい，かかわりが成立する。つまり，そこに住む人たちは，そして子どもたちは，それぞれが属す家族を拠点としながら，日常的な対面的ネットワークに組み込まれているのである。

そこで子どもは，大人たちの地域集団活動や近隣づき合いに，日常的に接することにより，家族，幼稚園・保育所とはちがった社会（＝生活）を体験する。人間が共同することの意味を自分の目で見，耳で聞き，わかろうとする。あるいは，親につれられての参加によって，集団の一員，社会の一員として，そこ

での大人がどう行動するかを仔細に観察する。

そこでは，まず，社会規範の存在を知るはずである。人と人とがかかわるとき，一定のルール（社会規範）があり，それに準拠することが大切なことを親の行動を通して知り，自分も守ることを親から要求される。地域社会には多様な人たちが住んでいるのであるから，意識や行動もいろいろである。そうした人たちとの生活の共同が展開されているところでのルール（社会規範）の意味は大きい。

ネットワークは，子どもの遊び仲間の形成にも及ぶ。

家庭の中で母への依存によって生活してきた子どもたちにとって，遊び仲間の形成（友達と遊ぶ）は依存から自立へ移ることを意味する。友達と仲よくすることもあるし，けんかすることもある。これらを通じて協力・協同の喜びや難しさ，自己主張・要求の方法を学び，ルールの必要性を学ぶ。また相互理解の態度・姿勢，仲間意識を習得していくのである。

また，地域社会では，年齢を異にする人々との生活体験を可能にする。同年齢集団との生活が中心となる，あるいは異年齢集団が形成できたとしても年齢幅の小さい幼稚園や保育所での生活を考えるとき，地域社会でのいろいろな人たちとの日常的ふれあいは大切である。

そこでは，上から下へ（大人から子どもへ）文化が伝達される。生活体験の豊かな者と乏しい者とがリーダーとフォロアーの位置を占め，役割を果たすとき，それぞれ社会性を習得する。年少者は年長者を社会化過程での一体視すべきモデルとする。強者は弱者へのいたわりを覚え，それは情操の芽生えにつながる。

多様な人たちが生活する地域社会では，消費活動も生産活動も展開される。その活動はいずれも労働である。そこで子どもたちは労働にじかに触れる機会をもつ。大人が働いている姿をじかにみることは，労働することの意味を理解する第一歩となろう。と同時に，それを手伝うというかたちで労働体験を得る場にもなろう。家事にしろ家業（親の職業）にしろ，いままでの生活体験や能力の及ぶ範囲での手伝いは，働くことの意義をよりはっきり意識化させることになる。

労働は自分に必要なものを作り出すことである。そこには，そのための作業に熟達した大人がいるわけであるから，子どもにとっては自分が求めるものを

得るにはどうすればよいかのよきモデルをじかに得られるのである。家事，家業に限らず，遊びにおいても，自ら必要なものを作り出すことの体験は可能である。たとえば，ナイフを使っての作業は，人間としてもっとも基本的な活動である。危険が伴うだけにぜひ体験する必要がある。

　さらに，町内会・自治会や子ども会の行う行事への参加は，社会は自らで作り出していくものという主体的取り組みの体験となる。

　行事や活動で，子どもに何らかの役割が与えられるとき，ともすれば受け身になりがちな家庭生活を送るなかで，自分たちの生活は自分たちで作り出していこうという自主性の涵養につながる。また，その活動が奉仕の精神を芽生えさせることにでもなれば，いっそう望ましい体験といえる。

　冒頭に述べた，子どもは社会の中で育てられるという意味はこうしたことを指しているのである。

⑷　地域生活の課題

　さて，社会的存在としての人間の生活には社会のあり方が大きくかかわってくる。それは子どもの育ちにとっても同様である。いままで述べてきた地域社会が，いまどのような条件のもとにあるか。今日の地域社会を理解するのに欠かせないのが，すでに述べた「都市化」についての考察である。

　いままでに，われわれは，地域社会を子どもの育ちとかかわらせてみてきた。そこでは，規範習得，社会化のモデルの確保，異なる年齢の人たちのなかでの育ち，労働体験，役割参加などの機会を，子どもに与えることを指摘した。いずれも，はじめに述べた子どもの社会的成長の内容をなすものである。

　しかし，今日の地域社会をとりまく諸条件は，これらをそのままのかたちで実現させてはくれない。都市化もその一つの要因となっている。生活様式の都市化は豊かさ・便益さを与えてくれる。生活に必要なものは自分の知らないところ・見えないところで作られ，大人の労働する姿を目にしない。ましてやお手伝いであっても，必要なものを自ら作り出すという労働体験から子どもを遠ざける。人間関係の都市化はさらに問題は大きい。全人格的な日常的ふれあいが薄らいできたいま，近隣の親しいお付き合い（第一次集団）をどうして保っていけばよいのか。ある特定の目的を果たすためだけの付き合いが子どもにまで広がったとき（たとえば，水泳教室では水泳を教わるだけで遊んではいけない），遊

び仲間の形成はたいへん難しい。

　都市化がわれわれにとって避けられない，あるいは欠かせないものであるとすれば，そうした状況の中で，子どもを育てていくためのより望ましい条件をどう確保していくかが大きな課題といえよう。

　さて，最後に，こうした地域社会を保育施設（幼稚園や保育所）とのかかわりにおいてどう考えていけばよいか，簡単にふれておこう。

　まず，地域社会が，子どもを育てる独自の働きをもつことを，はっきり理解することである。一般論としては，上に述べてきたようないくつかのポイントがあるが，それぞれの保育施設が拠って立つ地域社会の実状に照らし，具体的に把握していくことが必要である。

　次に，地域社会がもつ子どもを育てる力を保育施設がその内に取り込むことも大切である。はっきりと教育的性格をもつ活動（婦人会による子ども文庫活動など）だけでなく，潜在的な力を掘りおこすことも忘れてはならない。お年寄り（高齢者）がもつ生活なり遊びの技術や豊かな経験は，日常的には明確に教育力として顕れてはいない。しかし，長い人生で身につけたものは，子どもの世代にまで伝承さるべき文化であり，お年寄り（高齢者）自身は子どもたちの社会化のモデルとなる。

　地域社会には，都市化の状況に応じて，それなりの自然がある。そこに出かけて遊びあるいは観察する体験を積むことによって，子どもは自然のメカニズムに感動し，その摂理に畏敬するにちがいない。

　また，保育施設は地域社会がもつ教育力を育てていく役割も担わなければならない[19]。地域で子どもの遊び仲間形成が難しいとき，園での子どものつながりが，降園後の仲間づくりのきっかけとなる。あるいは，園での関係がそのまま地域社会の仲間に移っていくこともある。園が地域の行事・活動を応援することもよい[20]。園も地域社会を構成する一員であるから，直接あるいは間接に参加することは許されもし，求められさえもする。そのときには，さまざまな人たちとのふれあいがあり，子どもが分担できる役割もあるはずである。

　このように，地域社会と保育施設とは，子どもを育てるにあたって，それぞれが独自の働きをもちつつも，相互補完的関係にあることが望まれる。互いに補い合い，連携するところに，健やかな育ちを支える地域社会と保育施設のあ

り方が求められるのである。

4．子どもにとっての保育施設

(1) 園（保育施設）と家庭の連携

　子どもが育つにあたり，幼稚園や保育所などの保育施設（以下単に保育施設ということがある）が，すでにみてきた家族や地域社会とともに大切な役割を果たしていることは言うまでもない。

　保育施設が子どもにどのように働きかけていくか，どのような役割を果たすかについては，多方面からの議論を必要とするが，ここでは家族とのかかわりに限って述べることにしよう。つまり，保育施設と家族とが，子どもを育てるにあたりどのようなかかわり・つながりをもっているかの検討である。

　ふつうこれは，「園と家庭との連携」というテーマで扱われる。「連携」を「目的を同じくするものが，連絡・交渉・共同して，その目的達成につとめること」[21]と定義すれば，そこでは両者が「目的を同じくする」こと，「連絡・交渉・共同」することという密接なかかわり・つながりが求められている。

　言うまでもなく，両者の目的は「子どもの健やかな育ち」である。そのために「連絡・交渉・共同」するわけであるが，その一つのあらわれとして家族が保育施設にどのような役割を期待しているかについて検討することにしよう。

(2) 保育者の役割と課題

　市町村は「保護者の労働又は疾病その他の事由により，その監護すべき乳児，幼児その他の児童について保育を必要とする場合において，次項に定めるところによるほか，当該児童を保育所（中略）において保育しなければならない」（児童福祉法第24条），幼稚園は「幼児を保育し，幼児の健やかな成長のために適当な環境を与えて，その心身の発達を助長することを目的とする」（学校教育法第22条）というようにはっきりした目的をもつ機能集団である。つまり，幼稚園や保育所は子ども一人一人を「集団」として合理的，組織的に保育する場であり，したがって子どもたちの生活を拘束する一定の枠やルールが存在する。

　入園までに家族と少人数からなる遊び仲間との人間関係しか持たない子どもにとって，枠やルールのもと，個としてより集団（の一員）としての行動を要求

される園生活は，当初決して快いものではなく，戸惑いと緊張を感ずるものである。そこでまず，保育者には子どもたちが集団の生活に慣れ，それをエンジョイできるような集団づくりが要請される。その際，枠やルールに則った合理性や組織性を第一に追求するような「管理」のための集団（フォーマル・グループ）も必要ではあるが，それ以上に子どもたちが自らすすんで参加し面白さや楽しさが味わえるような共同の「生活」の場としての集団（インフォーマル・グループ）づくりが緊急である。

　ついで，自立性を育てるためには自分のことは自分でやれるような条件を与えたり，協調性のためには，たとえばグループ編成に気をつかうといった，周到な環境整備と個々の子どもへの配慮がほしい。

　また子どもは一人一人違った性格をもち，パーソナリティの発達も異なる。それぞれが別の家族で育っているのであるから，習得した行動の仕方やものの考え方（行動様式＝文化）も一様ではない。したがって子どもを集団として捉えた場合，そこには「個性のでっぱり」[22]が生ずる。それが（集団生活での）子どもの成長・発達にとって（保育者の判断で）プラスであれば一層伸ばしていけばよいし，マイナスの要因となれば正されなければならない。

　つづいて大切なことは，園での体験だけではなく，家庭でのあるいは地域生活での体験をも生かすということである。社会性の育ちのための直接的体験は園生活の中だけでは限りがある。外でのそれを保育者は教材として活用しなければならない。

　また，子どもは保育者を頼りとしながら園生活の経験を重ねていくことを忘れてはならない。個々の子どもの育ち・発達の実態をふまえながら，子どもの変化に対しての見通しを立て，何をどのように経験していくことが必要か，園生活とその内容を検討するのが，保育者としての重要な役割である。

(3) モデルとしての保育者

　先に子どもの社会化のモデルは親であると述べたが，保育者も同様に子どもが同一化するモデルとしての役割を与えられている。保育の場で，子どもが保育者と比較的長い時間接触し，しかもそれがパーソナルなものである限り，保育者の人となり（ライフスタイル）が問われねばならない。保育者が無意識のうちにとる言動がそのまま子どもに映る。

そのためにまず人を「愛する」心が要求されるが，保育者としての使命感，子どもへの深い洞察力，創造力や探求心，職業人としての自覚と責任感が必要である。

(4) 保育者の子どもへの対応

それぞれの家庭において，父や母の一対一のかかわりの中で生活してきた子どもにとっては，幼稚園や保育所での新たな人間関係のあり方は，相手を信頼でき，その生活が楽しいものであるか，不安や緊張を感ずることなく活動できるかどうかにかかわる大きな問題なのである。

言うまでもなく，保育の場すなわち幼稚園や保育所は，「保育」という目的なり機能を果たすために意図的に作られた（機能的な）集団である。したがって，そこでは，どのような子どもがさらに人間が「望ましい」か，価値あるかの確たる信念，つまり子ども観とか人間観が保育者には要求される。この信念に基づいて保育していく＝子どもへ働きかけていくのであるが，ここで保育者が子どもに対してどのような姿勢をとるかが問題となる。

まずはじめに留意すべきは，子どもは「必ず育つ」という信念を持つことであろう。それは，ていねいに真剣に保育すれば「必ず育つ」，とともに，今日育たなくても明日は育つ，あるいは今年中には，さらに来年になるかもしれないがいつかは「必ず育つ」という信念である。この信念は言い換えれば「待つ」保育と言ってもいいであろう。

保育者と子どもとが社会関係としては縦の関係に位置づけられるとしても，保育者は子どもと「共に」生活している共同生活者という姿勢を保つことが何より大切である。保育の場でよく聞かれる「子どもと同じ目の高さで接しなさい」という助言は，この姿勢の一つのあらわれである。子どもと共感できる，すなわち子どもの喜びや悲しみを自らのものとして喜び，悲しみ，感動できる保育者でありたい。

保育者の子どもへの働きかけにおいては，保育者が一方的に指示を与えるのではなく，子どもがそれにどう反応・対応するかを見究めること，かれらの欲求，つまり興味や関心，要求などを受けとめることといったような相互的コミュニケーション関係をつくる必要がある。このためには，まず，いま子どもがどのような状況におかれ，何を要求しているのかをきちんと受けとめる（受容・

アクセプタンス）こと，したがって保育者が自分の考えていることを強引に子どもに理解させようとする姿勢をもたないことであり，特に計画したことを子どもの反応を無視して実践する姿勢は避けなければならない。子どもが理解しやすいようなペースで語りかけるとか，表情を豊かにするとか，質問・意見が誰でも出せる内容の教材を与えたり，雰囲気をつくるといった状況設定に留意することが大切なのである。

　また，直接的な子どもたちのふれあいや一人一人とのかかわりを保つことも重要である。計画した保育目標達成をあせるあまり，とかく子どもたちとの人間的かかわりを忘れがちになる。保育者という立場をこえて，一人の人間として子どもに接していきたい。子どもが，そして保育者が，自分の目で見，耳で聞き，口で話せるような直接的な接触，一対一の人間関係として全人格的なふれあいを求めたい。これこそ，保育のための望ましい人間関係をつくる基礎である。

　園生活での子どもの活動は，クラスという枠をこえた園全体にわたるものであり，保育者も，その保育活動の対象をすべての園児とすべきである。子ども一人一人は保育者全員から働きかけを受ける体制が整えられることが望ましいのである。園児が一体視する対象はクラスの担当保育者だけではない。「クラス解体」の保育，「縦関係」を大切にする保育，「オープン」保育などという試みが多くみられることからも，この点が重視されているということがわかる。

　子どもたちが園生活の中で当面した問題，とりわけ子ども同士の問題は，かれら自身で解決させるようにしたい。この点で「けんか」に対して保育者がどのような対応をすべきであろうか。遊びでのトラブル（約束を守らない，自分勝手な振舞いをするなど）からけんかに発展するケースも多いが，そのとき保育者がすぐに手を出し，互いにあやまらせることをしてしまうことがある。それは子どもを育てることにはならない。たとえば，ルール違反によるトラブルの場合，集団生活にルールが必要な理由をかれらに考えさせることである。この際，保育者は園児に，ルールを守ることのみ要求しがちであるが，そのルールが理に適っているか，また，その場での状況からルール＝「お約束」によってのみ判断していいものかどうかを検討することが大切である。また，子どもたちが話し合うことも欠かせない。ルールに対する違反行為として批判され，叱られ

るという子どもの立場をつくるよりも，仲間の非を主張できる勇気と態度をもつことの難しさと尊さを教えるとともに，その勇気を仲間が認めるよう助言する。一方，批判を受けた場合には，素直にそれを受ける態度も教えたい。

　保育生活は集団の中での生活であるから，集団から「はみ出す」，みんなに「ついていけない」子どもの行動の問題が当然でてくる。その事態をわれわれは，それぞれの子どもの生活歴や家族生活(家庭的背景)，性格・能力などの個人的問題としてとらえると同時に，保育者自身（子どもへの働きかけ）の問題として自問してみる必要があろう。「はみ出す」のは，どの保育場面か，保育者が意図的に設定した場（たとえばクラス）からなのか，あるいは子どもが自らの意志で参加している場でも同様なのか，子どもの要(欲)求が十分に充たされるような状況設定がなされているかどうか，なぜ子どもが「はみ出さざるを得ないか」の検討が大切であろう。そして，その「はみ出し」がほんとうにその子どもの成長・発達にとってマイナスであるのかを考えなければならない。

　たとえ，みんなに「ついていけない」としてもその子なりの努力と独自のペースの育ちがあるならば，それを認め評価する態度が保育者には不可欠である。「はみ出す」，「ついていけない」ということについては，時と場と子どもの行動（要求）との関係をなるべく正確に把握し，一定の枠内（保育者側から考えた子ども像や子どもの成長に対する観方など）でのみ，不用意に子どもをとらえ，評価することは十分注意を要する。

　「はみ出し」とか，「ついていけない」子どもの行動は，保育者の要求（たとえば指導計画における目標やねらい）に対応できない「問題児」という視点で観られ，評価を受ける危険性がある。

　子どもが「はみ出し」，「ついていけない」として問題化される場合，われわれがそのように判断する基準は何か，それがほんとうに子どもの発達のために意味をもっているのか，厳しく検討されなければならない。

　そしてその際，われわれは，子どもがどうしてそういう行動をとるのかを考えてみる必要もある。行動は個人の内部に欲求（欲望）が生じ，それを充足するためにとるものである。もし充足できないと体内に緊張感が生じ，不安定となる。何とか充足させようと行動を探る。あれこれうまくいかないと，さいごに反社会的，非社会的(社会的に公認されていない)行動をとってまで欲求充足をは

かる。ではどんな欲求が人間にはあるのか。トマスとズナニエツキーの4つの願望説は有効である[23]。

① **安全（安定）を求める欲求**　本能的欲求といわれるくらいの身体的安全を求めるものにはじまり，いまの社会生活のあり様をそのまま維持したい（安定的でいたい）というものまではいる。これは，各種の保険制度，社会保障制度を設けたり，警察，病院，銀行をつくることにまで至る。

② **新しい経験を求める欲求**　好奇心に支えられている欲求であり，ニュースを見たい，新聞を読みたい，旅行に出たいといった思いになる。日常的に経験できないスリルなどもここに入る。創造性は芸術を通して美を生み出す。好奇心は冒険を通して歴史的発見をもたらす。人間社会にこの新しい経験を求める欲求がなければ，進歩はない。さきの安全（安定）を求める欲求とは相反するものといえよう。

③ **感情的反応を求める欲求**　人を愛したい，人から愛されたいという欲求である。異性間の愛情に限らず，親子の愛，友情，隣人愛，郷土愛，愛国心なども含まれる。たとえ栄養価豊かな食事が与えられたとしても，そこに一片の愛情もなければ乳児は育たないといわれるくらい愛情は欠かせない。この愛情は生まれつきのものともいえるが，筆者はすぐれて後天的なものと考えている。すなわち人から愛されずに育った人は，人を愛することはできないのである。

④ **社会的認知を求める欲求**　人から認められたい，ほめられたい，尊敬されたいというものである。尊敬されるまでに至らなくとも少なくとも関心をもってもらいたい，存在を知ってもらいたい，問題にされたいという欲求である。人間である限り，友達から無視されるほどつらいものはない。

われわれはこうした4つの願望（欲求）をあわせもつ。それぞれの行動にはこれらが同じレベルで原動力となるときもあるし，あるものがより強く作用するときもある。

子どもが，どうしてそのような行動（＝問題と思われる行動）をとるのかを考えるとき，たまたまその行動が適切でなかっただけであり，そのもとにある欲求は，すべての子どもにみな同じである。したがって，その子の欲求を充たしてやるために（その欲求を受容したうえで）どのような行動が適切かを気づくような対応が必要なのであろう。

最後に，保育生活を通して子どもが育つとともに保育者もまた育たなければならない。その際，学びの姿勢が必要であることは言を俟たない。保育活動の中で，保育者として熟練を積むとともに，人を愛することの難しさと尊さ，真面目に努めることの大切さを，日々の子どもとの接触を通して学び，人間としても成長していくのである。保育者と子どもの関係は，学びの姿勢にもとづくまさしく「共に育ち合う」関係にあるといえる。

III　子どもの集団生活

1.　集団の意味

(1)　子どもと集団

　子どもは社会の中に生まれ出，社会の中で育ち，社会の中で生活することを通して社会的成長を遂げていくと今まで述べてきたが，ここにいう「社会」とは「社会集団」(social group)と言い換えて差し支えない。すなわち子どもは，家族や地域社会，遊び仲間，幼稚園，保育所などに属し，その一員として生活し，そこでさまざまなことを学び育っていくのであるが，これらはすべて社会集団（以下単に集団という）である。

　それでは「集団」とはどういうものであろうか。園における子どもの集団生活を考えるにあたり，まず，その性格規定から始めることにしよう。

(2)　集団の性格

　集団はいうまでもなく複数の人間の「集まり」であるが，ただ単なる「集まり」ではない。そこにはある「まとまり」が必要となる。それが次にあげる8項目である。

①　目　　標

　集団はまず目標をもっており，集団の活動は目標達成のために向けられる。この目標は集団によって明確なものと不明確なものとがある。学校の目標は明確であるが，家族のそれは不明確である。たとえば，ある短大の入学案内には，

「人間を愛し，人間の価値を最高度に実現しようとするヒューマニズムの精神を建学の理想としている。この建学の理想にもとづき，日本国憲法および教育基本法の精神の実現につとめ，社会の発展と人類の福祉に寄与する人材を育成することを目的とする」とはっきり明記している。一方，家族はそれぞれで明文化しているわけではないが，「夫婦関係を基礎として，親子・きょうだいなど少数の近親者を主要な構成員とする，第一次的な福祉追求の集団である」(前出32頁)という定義にもみるとおり，重要な目標をもってはいるのである。また集団の目標は構成員(メンバー，以下単に成員という)にはっきり意識されている場合と意識されていない場合とがある。さらに，集団の目標が成員個人の目標(欲求)と必ずしも一致しないこともしばしばある（例，会社とその従業員)。

② 構造（組織）

集団には一定の構造（組織）がある。集団には地位（position）と役割（role）があり，この2つの有機的なつながり(体系)を構造（あるいは組織）という。集団は，地位を設定し，それぞれに果たすべき役を割りふることにより，その目標を能率よく達成しようとするのである。

ある地位にある者は，割りふられた役を果たさねばならないが(与えられた役割（role）を果たすことを役割遂行（role performance）という)，それは他の地位からの期待（役割期待 role expectation）に応えることである。たとえば，園の主任は，1つの地位であり，主任に課された仕事が役割となる。主任は園長から，あるいはクラス担任の保育者から，さらには保護者からその仕事(役割)を果たすよう期待されている。一方，主任から園長などへも役割期待が向けられるのは当然である。それぞれが相互の役割期待に応えられれば，その関係はスムーズであり，かつ集団目標も達成の方向に向かう。しかし，役割期待に役割遂行がともなわなければ，当事者間の関係はうまくいかないし，集団目標の達成も難しくなる。

ある地位にいる者が期待に応えて役割遂行するためには，まず自分に期待されている役割は何かがわかっていなければならない(これを役割認知(role recognition)という)。つまり，自分がやるべき課題は何かの認識である。と同時に，その個人に，役割を果たすだけの資質（能力）が備わっていなければいけない。資質(能力)を越えた役割期待には，いますぐには応じられないし，さらに，期

待についてもそれが適切なものかどうかの検討も必要である。

　さらに，ある人が１つの集団の中でもいくつかの地位を合わせもっている（例：主任がフリーとしてクラスに入っている）こともふつうである。今日では私たちは同時に多くの集団に所属している。子ども園の中だけでも後出表２−３や図２−１にみるような集団に重複して所属している。とすれば，ある個人には同時的に複数の役割期待がよせられる。すべてを果たすことができないときも多いから，どの役割から果たせばよいか悩む。これは役割葛藤（role conflict）といわれる。錯綜した役割葛藤の中で，どう自分の役割を果たしていくか私たちの課題である。

　これも明確なものと不明確なもの，成文化されているものとされていないものがあるし，成員間の認識にも差がある。

　集団においては，たいてい，こうした役割分化にもとづいて，集団目標を達成するための執行機関，目標などを決定する決定機関，伝票や記録の作成などの事務機関など，いくつかの機関に分化する。

　③　機　　能

　集団がもつ目標を実現するための具体的な働きを機能（function）とよぶ。これには集団がその成員に対して働きかけるもの（対内的機能）と，その集団をとりまく外の社会へ働きかけるもの（対外的機能）という２つの方向性がある。たとえば，学校の対内的機能は「子どもを教育する，社会化する」であり，対外的機能は「教育をうけた者を社会に送り出す，次の世代に文化を伝達する」である。また，その機能が，その集団にとって本来的・本質的なものか，あるいは派生的なものかという検討も必要である。前者は社会や時代の変化にかかわらず不変のものであり，後者は集団をとりまく条件によって変化（増減・添削）するものである。

　また，家族と幼稚園とを比べてみたとき，家族の機能はすでにみたように性，生殖，経済，教育，心理的など複数の機能を併せもっているのに対して，幼稚園は教育（保育）という１つの機能をもつだけである。また，保育所もその機能が「養護と教育」といわれても，つまるところ保育という働きである。家族と地域社会を除いてはそのほとんどがいまみた幼稚園や保育所と同じく特定の機能を果たす集団（機能集団）である。したがって，今日では，人はいろいろな集団

に同時的に所属し，そこで部分的な要(欲)求を充たしているのである。

④ 社会関係

私たちの行動は，だいたい，他人の存在に向けられ，あるいは他人の存在によって影響をうけるような状況のもとにおいてとられる。社会関係（social relations）というのは，直接であれ間接であれ，お互いに影響を及ぼし合う者のかかわり（社会的相互作用・社会的相互関係）をいう。人間関係（human relations）ということもある。

具体的には，役割分担，親和と協力，結合と分離，模倣，代表と並存，リードとフォロー，平等と上下，支配と服従，競(闘)争と対立，好きと嫌いなどの人と人とのかかわりをさすが，これらが集団メンバーの相互関係をつくり上げている。

⑤ 集団規範

集団がまとまっていくためには集団の成員に行動の規準が必要となる。もし各成員が欲求のおもむくままに行動したら，集団目標は達成できない。そこで成員に対して決められた規準すなわち規範に基づいてそれぞれの欲求を充足することが要求されている。（これについては，すでに26頁で文化＝社会規範として詳しく述べているのでここでの詳述はさける。）

⑥ サブ・カルチュア（下位文化）

それぞれの集団（社会）には，いつの間にやらそれ独自の行動の仕方やものの考え方などが生まれる。たとえば，ある家族の家風とか，ある大学の校風といったものである。また，地方ごとに他ではみられないしきたりがある。特定の職業の人たちにも独自の考え方や行動の仕方が生まれる。年齢的にも，若者文化・ユースカルチュアという言葉があるように若者層に特徴的にみられる行動様式がある。このように，日本社会という全体社会の文化に規定されながらも，その個別集団，地方，年齢層などの部分社会が独得にもつ文化をサブ・カルチュア（下位文化）という。たとえば，幼稚園の教諭や保育所の保育士が集まると，そこには「センセイ」「ホイクシさん」として共通にみられる雰囲気がただようだろうし，同じような考え方やものの見方をすることが多い。また，幼稚園のセンセイと保育所のホイクシさんとでは，同じようでもあるが，どことなくちがう。それぞれの幼稚園や保育所でもものの考え方がちがうことがあろうし，

1つの幼稚園の中のそれぞれのクラスでも，そのクラス独特のあいさつの仕方，弁当の食べ方がちがうこともあるであろう。

⑦ 持　続　性

集団は，多かれ少なかれ持続性（自己維持作用）をもつ。一旦出来上るとなかなかつぶれない。生物有機体の如く自らを維持・保存していこうとするのである。家族などはこの持続性が比較的強い。しかし，クラブ，同好会など弱いものもあり，比較的早く消滅するものもある。

それには，つぎの4つのことが考えられる。まず，集団は社会の中で，他の集団や個人といろいろな関係を結んでいて（ネットワークを作っていて），一定の働きをしている。まわりから役割期待をかけられているのである。もしその集団がつぶれたなら，その期待が裏切られることとなり，関係者たちは困る。はじめからそれをつくらなければならなくなる。したがって，外からもその消滅を防ぐべく努力するのである。これは集団とそのメンバーとの間でも同じことがいえる。会社員は会社が倒産すると給料はもらえなくなる。その期待が裏切られないよう一生懸命努力するはずである。したがって，まわりからの期待が大きい集団ほど消滅の可能性は小さく，逆に期待が小さいほど可能性は大きくなるといってよかろう。

つぎに，個人は所属する集団に対して非合理的といってもいいほどの情緒的つながりをもっている（事項に述べる所属意識）。すなわち，自己と集団とを一体視（同じものとしてみる）するのであるから，そしてそれが強ければ強いほど集団がつぶれることに自分の死ともいえるほどのショックを受ける。自己のアイデンティティを確保するためにも，何とか集団消滅はさける必要がある。

さらに，集団リーダーがその存続維持のために努力するかどうかも大きなポイントとなる。もちろんフォロワー（管理者ではない単なるメンバー）も上記の同一視はもつであろうが，リーダーの方が強いはずである。リーダーが管理者として，フォロワーとはっきり役割分化されているなら，その集団はより強い維持作用をもつといえる。

さいごに，集団の構成メンバーはいつも同じとはいえない。学校は学生が入学し，卒業する。そして会社でも社員が新規採用され退職する。メンバー交代はふつうであり，そのメンバーが競争相手の集団の一員となることもめずらし

いことではない。にもかかわらず，集団はまわりの集団や個人と役割期待のネットワークを結び，互いに期待しあってきているから，メンバー交代はあっても，その集団がもつ社会関係は変わらないのである。
　⑧　所属意識
　成員は共に同じ集団に属している，仲間であるといった we＝feeling「われわれ感情」をもつ。これは仲間意識，共同の意識ともいう。所属意識は成員が自覚的に集団の中でつながり，連帯感を生ぜしめる。また，その基礎には非合理的といってもいいくらいの集団への愛着，判断があることも否めない。メンバーは自己の欲求を充たしてくれる集団と一体視する（同じものと感ずる）のである。一般的には集団規模が小さいほどこれは強く，大きくなれば弱くなる。
（後述のイングループ，アウトグループ参照）

　以上が人々の単なる「集まり」を「集団」とするための条件である。これらの項目は，現実のさまざまな集団において，すべて等しく備えられているものではなく，それぞれの状況に応じていろいろなレベルや組み合わせで備えられていることに注意しなければならない。
　(3)　集団の類型
　集団の特性を考える場合，このほかに，次の諸点からの分類にも注目する必要がある。（これは集団類型論とよばれる整理の仕方で，ある基準のもとで集団を分類し，それがもつ特徴を明らかにし，集団理解に役立てるものである。）
　①　成　立　過　程
　集団には，特定の目標や機能を果たすために意図的・人為的につくられる場合と，成員が意識しないうちにいわば自然発生的に成立する場合とがある。たとえば，企業体は利潤追求を目的として意図的に作られているが，友人や遊び仲間の成立は無意識的なものである。また，幼稚園やその中のクラスは意図的につくられるが，自由遊びの仲のよいお友達は自然に生まれるものである。
〔R.M. マッキーバー，コミュニティ(community)とアソシエイション(assocation)〕
　②　成員間の接触
　社会関係が生じ集団が成立するためには，人々の間に接触がなければならない。これには自分の目で見，耳で聞き，口で言う直接的・面接的接触と，文書

や通信手段，電波などをつかった間接的接触とがある。小規模な集団ほど直接的接触が可能であり，人がらと人がらのふれあいができる。〔C.H.クーリー，第一次集団（primary group）と第二次集団（secondary group）〕

③　成員の結合

成員の結合の仕方（人間関係）をみると，感情融和に支えられて利害得失とは無関係にかたく結びついているものと，自分に一定のものが与えられるから相手にも与えるといった相互交換の結びつきとの2つのタイプがみられる。たとえば前者は親子の間に，後者は資本家と労働者の間にそれぞれ典型的に示される。〔F.テンニース，ゲマインシャフト（Gemeinschaft）とゲゼルシャフト（Gesellschaft）〕

④　成員の心理（主観的区別）

個人がある集団に所属するとき，そこに帰属感や仲間への愛着・親密感をいだく。一方，所属していない集団に対してはこれに対照的に違和感や敵意をもってのぞむことがある。〔W.G.サムナー，イングループ・内集団（in-group）とアウトグループ・外集団（out-group）〕

⑤　所属のしかた

その集団への所属についてみると，他から「与えられる」集団と自ら「つくる」集団とがある。前者は，本人の意識や要(欲)求とは無関係に「与えられる」ものであり，後者は，自らの要(欲)求を充たすために「つくる」すなわち所属するものである。家族でいえば定位家族(子どもとしてそのなかに生み込まれる家族)と生殖家族(親として自ら作る家族)，園でいえばクラスと遊び仲間がそれぞれ該当する。

2．集団生活の展開

(1) 保育における子どもの集団生活経験

幼稚園や保育所という生活圏の中で，子どもはどのような集団に所属しているのであろうか。

図2-1は，子どもが所属する集団の例示（模式図）である。子どもはまず入園して「園」の一員（園児）となり，年齢や発達段階など一定の基準で設けられた「クラス」に配属される。このクラスが，内でいくつかの「班」に分けられ

ているなら，かれらはそのいずれかにも属するであろうし，また特定の役割を課せられている「当番・係のグループ」の一員ともなる。さらに登降園途上の安全のために作られている「登降園の班」にも属する。園児はこのほか自分たちで「遊び仲間」をも形成する。図からもわかるように，これらのうち「班」と「当番・係」はクラス内に，「クラス」は「園」内に設定され，「登降園班」と「遊び仲間」はクラスを越えたところでも，形成される。

　次に，こうした子どもが属する集団の特性を，いくつかの点について整理しておこう。まず子どもにとって集団がどのような働きをしているかを表2-3によってみる。それぞれの機能を対内的機能（集団がその成員すなわち園児に対してもっている働き）と対外的機能（その集団が属する外の集団への働き）とに分けて記している（ここにいう機能は，「目的」といった方がより適当でわかりやすいかも知れない）。クラスは「成長・発達」を遂げるべき園児の「発達課題の達成」をその機能（目的）としており，さらにそのサブシステムとして班と当番・係が編成されている。班はより小さな集団規模でクラス目標を達成する。子どもに保育者からの働きかけの意味をより徹底理解させるという働きを持つとともに，

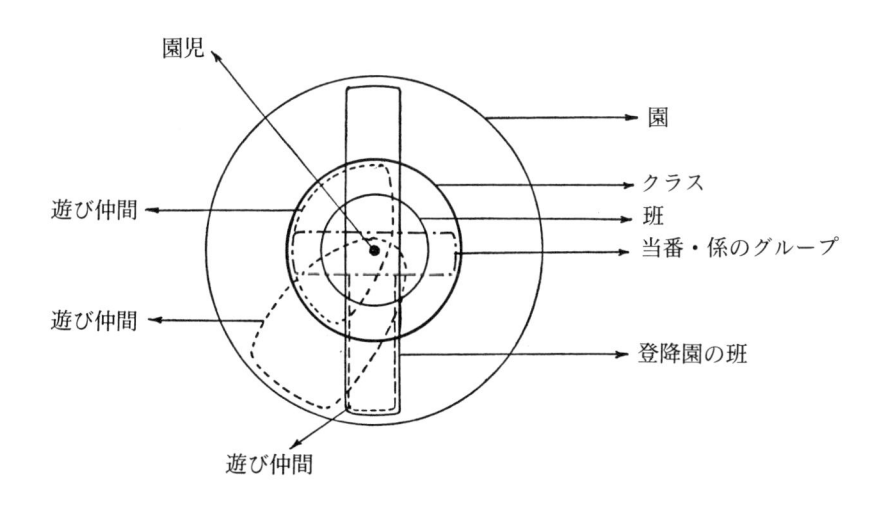

図2-1　園児が所属する集団の例示（模式図）

子ども相互のかかわりが生活に当たって必要であることを感じさせるものである。

　当番・係のグループは特定の生活課題を果たす（飼育や栽培作業を担当したり，弁当時にテーブルをセットし茶を配るなど）もので，これは子どもの自治的な活動，その役割遂行を目的としている。登降園の班は，登降園途上の安全を確保し，園の安全管理のための働きをする。一方，子どもが自らつくる「遊び仲間」は，かれらの内にもつ「遊びたい」，友達と「一緒にいたい」といった欲求を充足させるし，そのことが園の活動・生活を充実させることともなるのである。

　ここに述べた機能は集団目標を達成するための働きであるが，その目標について簡単に触れておこう。園やクラスがもつ目標は保育者によって設定されたものであり，明確ではあるが，そのままで子どもたちに認識されることはない。しかし，具体的な活動や，とりわけ班や当番・係の個々の活動場面での達成目標は十分に理解されよう。「遊び仲間」は原則的には，「遊びたい」ために「一緒にいる」という成立契機で，子どもたちの内なる欲求に基づいて無意識的に形成されるものであるから，集団としての目標は明確な場合もあるし，不明確なこともある。子どもの育ちにつれて，一人一人の目標が単に一緒にいて遊ぶというレベルから他と協働して一つのことを成し遂げようとするレベルへの高まり，個人的目標の共通化がみられるようになる。ここに集団目標が個人目標と一致するが，この場合も各成員がそれを明確に意識しているとは限らない。

　目標を達成するためには役割分担が必要になる。クラスではその中に当番や係，各種のリーダーが「役割」として設けられる。一方「遊び仲間」では，役割分担は無意識的に自然になされることが多い。リーダーなどもたとえば集団内部の調整役と外への対応役といった2つのリーダーが知らない間にできていることがある（T.パーソンズは，前者を expressive leader（表出的リーダー），後者を instrumental leader（手段的・適応的リーダー）とよんでいる）[24]。もちろん特定の目標が子どもたちの間にあるときには，彼ら同士の約束による役割の分担もみられる。自己抑制力に乏しい子どもは仲よく遊んでいるかと思うとすぐにけんかをし，またすぐ仲直りする。このように相互に好意をもって結合しても，たえず対立関係を内包している。しかしこれは一時的なもので，嫌悪感情は大人のそれほど根強くはない。

表2-3 園児が所属する集団の特性

集団＼基準	機能		形成基盤	集団の類型		備考
	対内的機能（園児への働き）	対外的機能（外への働き）		成立過程	園児の参加	
園	園児の成長・発達（子どもの社会化）	文化伝達，一定の発達を遂げた子どもを小学校に送る*	園	意図的・人為的集団	「与えられる」集団	*は派生的機能である
クラス	発達課題の達成	園目標の合理的・組織的達成	クラス			同一年齢だけでなく異年齢集団もありうる
班	子ども相互のかかわりの必要性を感じさせる 自主的活動の体験と自主性の涵養 保育者からの働きかけ（保育内容）の徹底理解	クラス運営の円滑化，クラス目標の達成				
当番・係	特定の生活課題達成	クラス活動の組織化				
登降園の班	登降園時の安全確保	園の安全管理	園			バス通園では送迎作業の能率化を含む
遊び仲間	「遊びたい」・「一緒にいたい」欲求の充足 園生活のエンジョイと充実	園活動・クラス活動の充実		自主的集団	「つくる」集団	

ルールは保育者から一方的に与えられる場合もあるが，できるだけ子どもたちと相談し了解のもとに設定されたり，子どもたち相互が話し合い自主的にとりきめたり，また自然にできあがっている場合などもある。雑然として一定の法則がないような遊びの中にも，かれらは暗黙のうちにルールをつくり秩序を保っているのである。ルールがなければ，意識するとしないとに拘わらず遊びが面白くないのである。

　集団の持続性は，園やクラスにおいて大きいことは当然であるが，「新しい仲間」の場合それぞれの状況によって解体・再編が繰り返され，だんだんと関係が固められていく。

　最後に所属意識についてみると，これは自分のもつ欲求をより多く満たしてくれ，自らの意志で所属した，日常的直接的接触が繰り返される（この意味で比較的小規模の）集団ほど強い傾向がある。特にメンバーとなっている集団の人間関係が密なほど所属意識＝成員間の「われわれ感情」は強い。この意識は連帯感でもあり，したがって自分たちに与えられている課題（意識するとしないにかかわらず）を果たすのに大いに役立つ。

(2) 集団生活の展開

　子どもがその発達課題を達成し成長・発達していくためには，とりわけ社会性の習得には，こうした集団での生活が不可欠の条件となる。子どもにとって「与えられる」集団と「つくる」集団はそれぞれ条件はちがっても，ともに生活の場である。一人の子どもは多くの集団に所属し，そこでの生活を通して主体性や創造性，自律性や協調性などを習得していく。ここではクラスや「遊び仲間」の中での集団生活と社会性の習得について考えることにしよう。これは次の5段階に分けてみることができる。

① 個のあつまり

　子どもたちは親から聞かされた園への期待をいだきながら入園してくる（どのような生活が彼を待ち受けているか自分ではわからない）。それぞれクラスに配属されるが，それはただ単に「与えられる」ものであるにすぎない。いままで見たこともないような多くの子どもたちの存在に驚きとまどい，保育者の指示を一方的に受けるだけである。自己の欲求を自らで十分に満たす術を知らない，それはただ園という一定の枠の中に子どもが集まっているという状態である。

このようにして園生活の第一歩を踏み出す。
② 相互作用
　園や他の子どもの存在に慣れてくるにつれ，子ども間に相互の働きかけ(相互作用)がみられるようになる。はじめはそれぞれが自己主張をくり返し，「ケンカ」「対立」などがしばしば起きる。そのうち，集団形成(仲間づくり)や集団参加への意志表示をはじめる。クラスでも自分が一定の役割を課されていること(役割期待)を意識しはじめ，その課業内容を理解するようになる。
③ 「仲間」の形成
　自ら仲間をつくり始める。いまだ自己の欲求充足が先行し，たえず他と対立を繰り返すが，徐々にルールの必要性を感じてくる。意図的にルールをつくるまでには至っていないが，無意識の内にルールが存在する。クラスへの所属意識も育ち，与えられた課題にはすすんで取り組む。
④ 役割の分担
　それぞれの集団への所属意識，「われわれ感情」が強まり，連帯感も高まる。一定のルールのもとでの欲求充足を試みる。目標達成のため役割を各員が自覚し，それを分担し，相互に役割期待をもつ。課せられた役割の内容を自分で検討し工夫してその任を果たそうとする。
⑤ 集団生活の展開
　集団の一員として集団目標と個人目標(欲求)を一致させながら集団生活を楽しむ。集団(イングループ)へのあるいは他の成員への一体感が強まり，他集団(アウトグループ)との対立やあるいは協働を繰り返す。園生活での多様な状況や場面に対して集団としても個人としても弾力的に対応できるようになる。

〈注〉

1) A・ゲゼル著『狼にそだてられた子』生月雅子訳，家政教育社，1967
　このほかJ・M・G・イタール著『アヴェロンの野生児』古武弥正訳，牧書店，1972，も参考となる。
2) 文化の概念は多様にあるが，R・リントンの「文化は学習された行動とその成果の統合形態であり、その構成要素は、特定社会の成員によって、分有され、また伝

達される」という定義も広く支持される。(清水幾太郎,犬養康彦訳『文化人類学入門』創元社,1952)本稿では,B・K・マリノフスキーに拠っている。(姫岡勤,上子武次訳『文化の科学的理論』岩波書店,1958)

3) 「社会化」(socialization)は,T・パーソンズのいう「子どもが自己の生まれついた社会の文化を内在化(internalization)する」の意に用いる。(橋爪貞雄他訳『核家族と子どもの社会化』黎明書房,1970)

4) たとえば,昭和35年に池田勇人首相が所得倍増論を唱え,GNP(当時は国民総生産を用いていた)は13兆円から10年後の45年には26兆円となった。10年間で倍増するほどの目ざましい成長を示したが,現在(令和元年度)約560兆円というGDPは瞠目に値する。

5) こうした農村社会の特徴は,松原治郎,鐘ヶ江晴彦『地域と教育』第一法規出版,1981に詳しい。また,筆者も,保育とのかかわりで地域社会の特徴を「幼児の発達と地域環境―育ちを支える地域社会の捉え方」,文部省『初等教育資料』No.514,東洋館出版,1988,で説明している。

6) 幼稚園教育要領(平成29年改訂),保育所保育指針(平成29年改定)それぞれに,乳幼児期を「生涯にわたる人間形成の基礎を培うもっとも重要な時期」としている。

7) この点の考察については,A・ポルトマン著,高木正孝訳『人間はどこまで動物か―新しい人間像のために』岩波書店,1960,が示唆深い。

8) 森岡清美編『社会学講座3　家族社会学』3～4頁,東大出版会,1972

9) 山根常男,家族の本質―キブツに家族は存在するか,『社会学評論』52,43～46頁,有斐閣,1962,を参考とした。

10),11)「社会化」,「文化」の概念は26頁を参照のこと。

12) 森岡清美編『家族社会学』4頁,有斐閣,1967

13) 青井和夫,しつけ研究へのアプローチ,小山隆編『現代家族の親子関係』,20頁,培風館,1973

14) きょうだい間の愛憎の葛藤や敵対感をフロイト(S・Freud)は旧約聖書の記事に因んで,「カインコンプレックス(Cain complex)」とよんだ。また,兄弟コンプレックス(brother complex)ともいう。

15) 山村賢明「現代家族における社会化問題」浜田陽太郎編著『現代日本の教育環境』

第一法規，159 頁，1975
16) 山村賢明「現代の家庭教育」『児童心理』28-7，金子書房を参考とした。
17) 竹内利美「子供組」『日本社会民族事典』第 1 巻，430 頁，誠文堂新光社，1952
18) R・M・マッキーバー『社会学講座』菊池綾子訳，現代教養文庫，1949
19) 平成 20 年の改訂で教育要領は「地域の幼児教育のセンター」，保育指針は「地域における子育て支援」を重視している。
20) たとえば筆者は次の論稿で，このテーマを実証的にとりあげている。
① 「保育にとって地域社会がもつ意味(地域社会の中の保育園①)」，『エデュケア 21』1997-4，栄光教育文化研究所
② 「地域住民組織の再編―岡山県倉敷市・親和保育園の事例をもとに―(同上②)」，『同上』1997-5，同上
③ 「地域住民組織の再編―岡山県倉敷市・親和保育園の事例をもとに(下)(同上③)」，『同上』1997-6，同上
21) 拙稿，「連携」概念の検討，幼稚園教育研究会(大場幸夫・中田カヨ子・民秋言)『園と家庭の連携に関する研究の方法―相互信頼関係に着目して』，1989．3 月
22) 大場牧夫『幼稚園時代』46 頁，日本放送出版協会，1972
23) W・トマス，F・ズナニエツキ『生活史の社会学―ヨーロッパとアメリカにおけるポーランド農民』桜井厚訳，御茶の水書房，1983
24) T・パーソンズ，R・F・バールズ『核家族と子どもの社会化』(上)・(下)，橋爪貞雄他訳，黎明書房，1970

第 2 部

人とのかかわりの育ち

第3章 領域「人間関係」について

　本章は，領域「人間関係」を中心に構成されているが，保育の実際の指導においては，この一つの領域を内容や方法において単独に取り上げて指導するということはあり得ないし，また，そうあってはならないのである。そこでまず考えなければならないことは，「幼稚園教育要領」において述べられている幼稚園教育の基本，つまり基本の理念に関する部分である。

I　幼稚園教育要領の基本と領域「人間関係」

1．幼稚園教育の基本

　「幼稚園教育要領」第1章総則の第1項目に幼稚園教育の基本が述べられている。(枠囲み内は原文。以下同じ)

> 　幼児期における教育は，生涯にわたる人格形成の基礎を培う重要なものであり，幼稚園教育は，学校教育法に規定する目的及び目標を達成するため，幼児期の特性を踏まえ，環境を通して行うものであることを基本とする。
> 　このため教師は，幼児との信頼関係を十分に築き，幼児が身近な環境に主体的に関わり，環境との関わり方や意味に気付き，これらを取り込もうとして，試行錯誤したり，考えたりするようになる幼児期の教育における見方・考え方を生かし，幼児と共によりよい教育環境を創造するように努めるものとする。これらを踏まえ，次に示す事項を重視して教育を行わな

ければならない。

　ここで読み取らなければならない大事なポイントは，幼稚園教育は「幼児期の特性を踏まえ，環境を通して行うものであることを基本とする」ということである。
　では，この環境を通して行うというためにはどうしたらよいのかということを考える場合，その環境は単なる物的な環境（自然の環境や社会環境）だけではなくて，人的環境，特に幼児と教師の間の信頼関係という問題を考えることが大切である。この信頼関係が確立することがなくては，子どもが「育つ」ということはほとんどあり得ないのだということを幼稚園教育要領は打ち出しているのである。つまり，ここで大事なのは，人間的な環境としての教師の存在の重要性である。
　そして，この「環境を通して行う」ということについて，さらに教育要領は基本の項目において以下の3つのポイントを示している。

> 1　幼児は安定した情緒の下で自己を十分に発揮することにより発達に必要な体験を得ていくものであることを考慮して，幼児の主体的な活動を促し，幼児期にふさわしい生活が展開されるようにすること。

　ここでは「安定した情緒」と「自己の十分な発揮」という問題を重要なポイントとしており，それが子どもの主体的な活動を大事にした生活を保障し，確立していく上での一番大事なポイントであるとしている。
　この「安定した情緒の下で」という言葉はどういう意味を持っているのかというと，つまり，「子どもの情緒が安定する，不安がなくなるような状態をまず保育者（教師）がつくっていかなければならない。不安を取り除くということが園生活の一番の出発点にならなければならない」ということであり，このことを抜きにしては子どもの自発的な活動はあり得ないし，主体的な活動を引き出すことはできないのだということがこの第1項目の重要なところである。

> 2　幼児の自発的な活動としての遊びは，心身の調和のとれた発達の基礎

> を培う重要な学習であることを考慮して，遊びを通しての指導を中心として第2章に示すねらいが総合的に達成されるようにすること。

　1のところが，子どもの主体的生活の確立こそ幼稚園教育にとっては大事なことなのであると述べていることに対して，2の項目では，遊びというものの再確認と位置づけを述べている。しかも，その遊びは，あくまでも幼児自身の自発的な活動としての遊びが大事なのであり，その遊びを通して子どもたちの育ちがあるのだと考えられていかなければならないことを指摘している。

> 3　幼児の発達は，心身の諸側面が相互に関連し合い，多様な経過をたどって成し遂げられていくものであること，また，幼児の生活経験がそれぞれ異なることなどを考慮して，幼児一人一人の特性に応じ，発達の課題に即した指導を行うようにすること。

　ここで大事なのは，子どもの発達ということについての考えと，一人一人の特性ということについて目を向けていく必要があるということを指摘していることである。
　しかも，その発達は，従来の平均値から割り出されるような発達段階的な発達論ではなく，子どもの発達の諸側面というものはお互いに非常に密接に絡み合っていて，しかも，それぞれの発達がそれぞれ違った多様な経過をたどってなし遂げられていくのだということを認識し，発達を形式論的に考えてしまうことのないように指摘している。また，この発達のしかたは，子どもによって違いがあり，またその子ども自身の生活の経験によっても違ってくる。したがって一人一人の子どもはみな特性を持っており，その特性を伸ばしていくためには何が必要なのかと考えていくことが発達の課題なのであるという考え方で，子ども一人一人に必要な発達の課題をもっと明確にしていく必要があるということを述べているわけである。

　以上のように，幼稚園教育要領では，幼稚園教育は「環境を通して行うもの」ということを土台に据えて，今，述べた3つの基本のポイントを押さえた上で，

園生活における子どもの育ち，あるいは園生活を通して子どもに働きかけていくことを考えていく必要があるということが提示されているのである。

2．発達の諸側面と領域

(1) 幼稚園教育要領における領域観

1．幼稚園教育の基本のところで述べたように，発達の諸側面は相互に関連し合い，多様な経過をたどって成し遂げられていくものである。では，幼児教育においては発達にどのようにかかわっていったらよいのであろうか。幼稚園教育要領では，幼児と発達の諸側面との関連の上に考えられた領域観に沿って以下のように5つの領域を示している。

このことについて教育要領は第2章の「ねらい及び内容」のところの前文で以下のように述べている。

> この章に示すねらいは，幼稚園教育において育みたい資質・能力を幼児の生活する姿から捉えたものであり，内容は，ねらいを達成するために指導する事項である。これらを幼児の発達の側面から，心身の健康に関する領域「健康」，人との関わりに関する領域「人間関係」，身近な環境との関わりに関する領域「環境」，言葉の獲得に関する領域「言葉」及び感性と表現に関する領域「表現」としてまとめ，示したものである。

このことからも，5つの領域が発達の諸側面との関連で考えられたということがはっきりと理解できる。その意味では，領域は，お互いに発達の諸側面が相互に関連し合っているごとく，領域も単独で考えられることはなく，必ずお互いに相互に関連し合う領域観で考えていかなければならないわけである。

教育要領の領域観は，子どもの育ちを見る5つの窓，つまり5つの方向から窓を開けて，子どもの育ちを見る窓として領域を考えている。つまり，5つの窓から子どもの育ちを見る視野を示したものだというように考えると理解しやすい。

その5つの窓は，子どものそれぞれの育ちを見る窓口としての言葉であるので，大事なのは，「健康」とか「人間関係」という言葉の前についている心身の

健康に関する領域「健康」，人とのかかわりに関する領域「人間関係」というような，その窓口を示した説明的なフレーズのところにある。したがって，本章の「人間関係」に関するものも，人とのかかわりに関する子どもの育ちを考えていく視野をどのように持ち，そして，その部分の子どもの変化をどのようにとらえ，支えていくかということを考えるのが本章の意味であるというように考えていかなければならないわけである。

(2) 幼稚園教育要領の「ねらい」の意味

さて，次は，教育要領の5つの領域の中で，「ねらい」という言葉が使われている。この「ねらい」とは何かということを考えなければならないが，「ねらい」というのは，「子どもの育ちをどういう方向でとらえていったらよいか」ということを示したものである。つまり，「何がどのくらいできればよいか」「どこまでできればよいか」ということではなくて，「子どものどんな育ちを願って保育者はかかわっていったらいいか」という，保育者が考えなければならない育ちへの願い，育ちの方向性，それを示したものであるということができる。したがって，「到達目標」を示しているのではなく，「方向性」を示しているのである。

そしてその「ねらい」は第2章の前文の中に述べられているように，幼稚園教育において育みたい資質・能力を幼児の生活する姿から捉えたものであり，3つの基本姿勢を持っている。すなわち，1つは心情的な育ち，1つは意欲的な育ち，1つは態度的な育ちである。

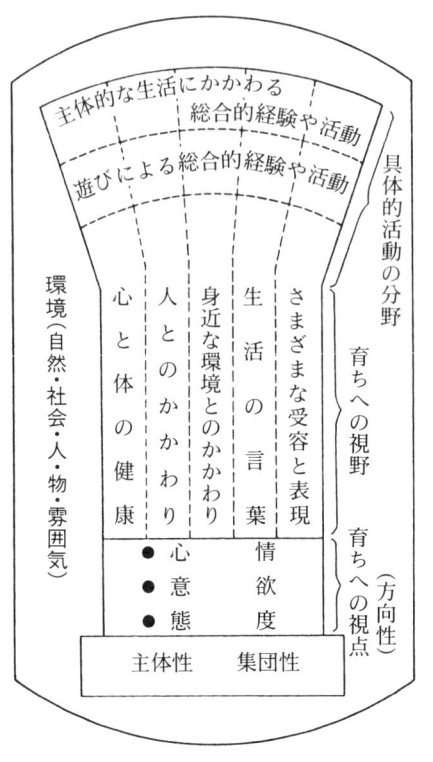

図3-1 子どもの育ちを見る視野としての領域

「心情的な育ち」とはどのようなことかというと、子どもが園生活の中で不安がなくなり、本当に自分が楽しいと感じ、そして満足できるような気持ちになっていくことである。「意欲的な育ち」というのは、心情的なものの育ちを土台として、自分が興味や関心を持ったものに対しては積極的に取り組んでいき、そこに楽しさを感じていく、

園生活の基本は、生活を楽しむこと。

そしてまたやろうとする、あるいは失敗を恐れないでまたやっていこうとする、そういうような気持ちと行動力が育ってくることである。そして、心情や意欲を中核に据えた上で、友達とともに生活していくためにはどんな行動のしかたが大事なのかという行動のしかたが経験を通してわかってくるという意味で、「態度的な育ち」の部分をとらえていこうとしている。

このようにこの3つの方向性を幼児期の育ちとして大事にしていこうとしているのであるが、その中でも、生きる力と主体性を持った子どもに育ってくるということ、これが中核として考えられていくことが大事だろう。

このような考え方で「ねらい」は出されているが、ここで大事なことは、心情・意欲・態度の3つの方向性が5つの発達の諸側面を見るどの視野（5領域）の中においても共通の姿勢として取り上げられているということである。

つまり、健康の領域から考えた場合にも、人間関係の領域で考えた場合にも、あるいは環境の領域から考えた場合でも、常に心情的な育ちと、意欲的な育ちと、態度的な育ちという方向を共通の目として持ちながら考えていこうとしているわけで、言い方を換えれば、5つのどのような視野でとらえてみても、その基本には共通のねらいの姿勢──不安がなくなり、本当に楽しいと思い、子ども自身が本当に充実感を感じる（心情）、そして失敗を恐れないで自分からやろうとする気持ちが育ってくる（意欲）、そしてだんだん行動を通してやり方がわかってきて、自分をコントロールすることができるようになってくる（態度）

——こういうような育ちがあらゆる育ちの諸側面の中の共通項として考えられていることである。したがって，教育要領の中に述べられているねらいは，5つの領域ごとにこの3つが共通項として考えられ示されているので，計15のねらいになっている。

3．領域「人間関係」について

　昭和61年9月に公表された幼稚園教育に関する調査研究協力者会議の報告書であり，かつ平成元年に示された幼稚園教育要領を作成するときの重要な資料になった「幼稚園教育のあり方について」という報告書がある。その中の改善の視点の一つのポイントに，「人とのかかわりの育ち」に関する問題が取り上げられている。現行の領域「人間関係」を理解するのに格好な資料なので，その一部を紹介しておこう。
　（原文）

〈人とのかかわりを持つ力の育成について〉
　幼児は，安定した人間関係を確立していく中で，自己の存在感，他者との共感や思いやり，集団への参加意識を持つようになる。また，幼児相互に交わり合い，理解し合い，支え合うなどの体験ともあいまって，将来，社会を構成する際に必要な主体性と社会的態度を身につけていく。さらに，こうした感情や意識に支えられる安定した情緒は，みずから周囲に働きかける力を生み出すもととなるものである。
　このような観点から，幼稚園においては，生活全体の中で十分に友だちとふれあい，豊かな感情体験が得られるようにするとともに，自分の感情や意思を豊かに表現したり，自分とは違ったさまざまな幼児の存在に関心を持ち，ともに楽しんだり共感し合える活動を重視すべきである。
　また，今後の社会においては，多様な人々とコミュニケーションを持つ能力の必要性と重要性はますます高まっていくものと予測される。コミュニケーションは，行動，身振り，表情，言葉などいろいろな点に自然な形でかかわりながら深められるものである。この意味で感情や表現を豊かにすることが大切である。

> なお，特に重要なコミュニケーション手段となる言語については，具体的な生活の中で，聞く，話すなどの経験を豊富にすることによって，その発達を十分に促すことが大切である。
> さらに，人とのかかわりを持つ力は，人とのさまざまなふれあいを通して養われるものであるから，幼稚園においても同年齢の集団の経験や活動ばかりでなく，例えば異年齢集団とのかかわり合いや，小学校低学年の児童，高齢者との交流を促進するなど，人間関係についての異なる角度からの経験をすることも考える必要がある。

この要旨は，人とのかかわりを持つ力の育成ということである。つまり，人とのかかわりの育ちの分野で大切なことは，「人とのかかわり上手」を育てていくことではなくて，「かかわりを持つ力がどう育っていくか」ということなのである。この力というのは，単なる知識や技能ではなくて，人とのかかわりの中に育つそれぞれの子どもの内面，つまり心と，それから，それに支えられて具体的に表面化されていく行動力を指している。今回改訂された幼稚園教育要領でも，このことは領域「人間関係」の基本になっている。

そこで，このことを頭に入れて，次に，この「人間関係」の領域の「ねらい」では，どのような内容が示されているかをみてみよう。

4．領域「人間関係」の「ねらい」について

幼稚園教育要領の領域「人間関係」のねらいの(1)はこのような原文になっている。

> ねらい(1)　幼稚園生活を楽しみ，自分の力で行動することの充実感を味わう。

ここで着目しなければならないことは，「一人一人の子どもの内面の問題を中心に取り上げている」ということである。つまり，一般的な意味で言えば，人とのかかわりのねらいであるなら，ねらいの(1)は，それこそ，「いろいろな人と

親しむ」とか，「だれとでもなかよくする」というようなことが言われる場合が多いであろうが，ここではあえてそういうようなことではなくて，人とのかかわりの育ちの一番基本となる「個々の子どもの心情的な育ち」の部分に着目していることである。

つまり，園生活を本当にその子が楽しいと感じているかどうか。これはまさにその子の内面の問題であり，外側から押しつけられるものではない。つまり，その子にとって園生活が不安がなく，本当に自分の生活の場として，楽しい場所としての自覚を持っているかどうか。そして，そういう上に立って自分を出すことができるか，つまり自分の力で行動することができるか，そして，自分で満足し，充実感を感じるようにまでなることができているかどうかという，そういう育ちの大切さをまずねらいの(1)として，心情的な育ちの方向として示している。

> ねらい(2)　身近な人と親しみ，関わりを深め，工夫したり，協力したりして一緒に活動する楽しさを味わい，愛情や信頼感をもつ。

ねらいの(2)は意欲的な育ちの面での方向性を考えている。友達やいろいろな人とかかわっていくような場面で果たしてその子はそういうことができるようになってきているかどうか，つまり，そういうような気持ちに支えられて動きが伴って出てきているかどうか，また，自分以外の人との心の結びつきが育ってきているかどうかというのが，愛情や信頼感に支えられた意欲の面での問題である。

この愛情や信頼感というのは，子どもに外側から押しつけることはできない。つまり，子ども自身がその置かれている状況の中で自分で感じ獲得していくものだけに，単なる表面的な指導ではそれを獲得させることができない。つまり，信頼感というものは，保育者と子ども，子どもと子どもの間の心の開かれた関係が成り立ってこなければ，この問題は解決していかないし，獲得されていかないということが言えるのである。

> ねらい(3)　社会生活における望ましい習慣や態度を身に付ける。

　ねらいの(3)は生活上の習慣や態度の問題であるが，ここで出されていることは単なる決まりやお約束を守っていくというようなことではない。園生活の中で子どもは不安感がなくなれば，自分を出し始め，そしてそこで積極的なぶつかり合いや，けんかやトラブルなども体験しながら，あるいはうまくいった関係を通しながら，何が大事であるかということを考え身につけていくことができるようになる。また，自分は今どうすべきかというようなことが判断でき，行動できるようにもなってくる。言い換えれば，そういう子どもの自己統制力の育ちとあいまって，この社会的な態度というものの育ちが考えられてくることが重要なのである。この(3)のねらいはそのように理解すべきである。

　このように領域「人間関係」は，「ねらい」をこのような心情と意欲と態度の3つの方向性で考えているが，何よりも大事なのは，第1のねらいの子ども自身が自分自身の中にある不安を取り除いていく，そういう状況が出発点であり，やがて自己を発揮できるようになり園生活を楽しむことができるようになっていくという，個の内面を中核に据えて考えていく人間関係論をしっかりととらえていくということであろう。

5．領域「人間関係」の「内容」について

　さて，次は，このような3つの育ちを考えていくためには，「基本」で述べたように，どのような環境を整え，そしてその中でどのような子どもの活動が展開されていき，それを通してこの3つの方向性を持った育ちが具体的に可能になってくるのかを考えていかなければならない。教育要領では，この「環境の構成」と「子どもの経験」を考えていく手がかりを，「内容」としてこの領域では13項目取り上げて示している。

　その13項目に目を通してみると，次のようなことが考えられる。

> (1)　先生や友達と共に過ごすことの喜びを味わう。
> (2)　自分で考え，自分で行動する。

(3) 自分でできることは自分でする。
(4) いろいろな遊びを楽しみながら物事をやり遂げようとする気持ちをもつ。

　まず(1)は，先生や友達と過ごすなかで，安定感，人とかかわることの楽しさを味わっていく手がかりを考えていくことが大事だということについて述べている。(2)，(3)は，これまでよく一般に言われた「自分のことは自分でする」というしつけ的な意味ではなくて，自発性，自発的行動の大事さについて触れているのである。(4)は遊びを楽しむ中で意欲が育っていく過程を示している。

　したがって，(1)，(2)，(3)，(4)の内容は，子どもにとって不安がなくなり，楽しさを味わうことの大事さと，それから自分で動き出す，つまり自発的な行動が出てくることの大事さ，それは教育要領の言葉で書けば「安定した情緒のもとで自己を十分に発揮し」ということを具体的に考えていくことがまず大切であり，そういうことができるような環境を構成していくことがそれぞれの園で考えられていかなければならないことを示しているものである。

(5) 友達と積極的に関わりながら喜びや悲しみを共感し合う。
(6) 自分の思ったことを相手に伝え，相手の思っていることに気付く。
(7) 友達のよさに気付き，一緒に活動する楽しさを味わう。
(8) 友達と楽しく活動する中で，共通の目的を見いだし，工夫したり，協力したりなどする。

　この，(5)，(6)，(7)，(8)は，共感，それからお互いへの伝え合いの問題，認め合いの問題，そしてともに動く楽しさというようなことを述べているが，特に(1)，(2)，(3)，(4)が一人の子どもの自分の内面と行動の問題を取り上げているのに対して，(5)，(6)，(7)，(8)は，人とのかかわりということの中で，表面的なかかわり方ではなくて，まず個々の子どもが，お互いに相手も内面を持っていて，そして表に表してきているのだということを幼児なりにわかっていくことの大事さを述べているということが言えよう。

> (9) よいことや悪いことがあることに気付き，考えながら行動する。
> (10) 友達との関わりを深め，思いやりをもつ。
> (11) 友達と楽しく生活する中できまりの大切さに気付き，守ろうとする。
> (12) 共同の遊具や用具を大切にし，皆で使う。

　(9)，(10)，(11)，(12)は，さらにそのかかわりの体験の中で，自発性とか自己主張が大切ではあるけれども，同時に，お互いの存在に気がつき，自と他との関係の中において，自分をコントロールする，つまり自己統制する力（自律性）の育ちが大事であるということ，また，それが育つような行動の場面を考えていくことが大事であるという意味で取り上げられている。

　特に友達とのかかわり方で，相手が非常に不快感を持ったり悲しんだり，いやがるようなことは，やはりやってはいけないんだ，言ってはいけないんだということに自ら気がついて，自分をコントロールすることができるようになっていくことや，また，友達と生活を楽しくするために，お互いに守らなければならないような行動のしかたがあるということを知っていくことなど，子どもが生活を通して，大人（保育者）からの押しつけやお約束ではなくて，自らお互いにその大切さに気がついていくという，そういう共存のしかたを自覚し，それを大事にする力の育ちに目を向けているわけである。

> (13) 高齢者をはじめ地域の人々などの自分の生活に関係の深いいろいろな人に親しみをもつ。

　(13)は，自分の生活環境の中には，自分の生活の関係の中で世話になったり，あるいは自分を支えてくれたり，楽しくしてくれたりするいろいろな人たちがいる。そして，自分も，そういうさまざまな人とのかかわりの中に生きていて，社会の一員として生きているんだということが子どもなりにわかってくるような意味で，いろいろな人に親しんでいくそういう心の育ち，そしてそれを行動化するような行動力，こういうものの育ちが大事だということを述べているのである。

6．領域「人間関係」の「内容の取扱い」

　以上のようなねらいや内容を考える上において，何が一番大事かということが，幼稚園教育要領の中では「内容」の項につづいて「内容の取扱い」で述べられている。領域「人間関係」の「内容の取扱い」は，以下の6項目が挙げられている。

---

(1)　教師との信頼関係に支えられて自分自身の生活を確立していくことが人と関わる基盤となることを考慮し，幼児が自ら周囲に働き掛けることにより多様な感情を体験し，試行錯誤しながら諦めずにやり遂げることの達成感や，前向きな見通しをもって自分の力で行うことの充実感を味わうことができるよう，幼児の行動を見守りながら適切な援助を行うようにすること。

---

(2)　一人一人を生かした集団を形成しながら人と関わる力を育てていくようにすること。特に，集団の生活の中で，幼児が自己を発揮し，教師や他の幼児に認められる体験をし，自分のよさや特徴に気付き，自信をもって行動できるようにすること。

---

(3)　幼児が互いに関わりを深め，協同して遊ぶようになるため，自ら行動する力を育てるようにするとともに，他の幼児と試行錯誤しながら活動を展開する楽しさや共通の目的が実現する喜びを味わうことができるようにすること。

---

(4)　道徳性の芽生えを培うに当たっては，基本的な生活習慣の形成を図るとともに，幼児が他の幼児との関わりの中で他人の存在に気付き，相手を尊重する気持ちをもって行動できるようにし，また，自然や身近な動

植物に親しむことなどを通して豊かな心情が育つようにすること。特に，人に対する信頼感や思いやりの気持ちは，葛藤やつまずきをも体験し，それらを乗り越えることにより次第に芽生えてくることに配慮すること。

(5) 集団の生活を通して，幼児が人との関わりを深め，規範意識の芽生えが培われることを考慮し，幼児が教師との信頼関係に支えられて自己を発揮する中で，互いに思いを主張し，折り合いを付ける体験をし，きまりの必要性などに気付き，自分の気持ちを調整する力が育つようにすること。

(6) 高齢者をはじめ地域の人々などの自分の生活に関係の深いいろいろな人と触れ合い，自分の感情や意志を表現しながら共に楽しみ，共感し合う体験を通して，これらの人々などに親しみをもち，人と関わることの楽しさや人の役に立つ喜びを味わうことができるようにすること。また，生活を通して親や祖父母などの家族の愛情に気付き，家族を大切にしようとする気持ちが育つようにすること。

　ここでは，子どもの「人とかかわる力」の育ちの基盤は教師との信頼関係であるということと，人とのかかわりの育ちは，子ども自らが生活や遊びの中での達成感や挫折感，満足感や葛藤など，多様な感情を体験する中で，試行錯誤しながら自分の力で育てていくものであるので，教師は，幼児の行動を見守り，適切な援助をすることが大切であるということを述べている。
　つまり，人とのかかわりの育ちというものは，押しつけがましく育てるものではなくて，子どもが自分を出しながら，ぶつかり合いながら，そしてその中に自分が楽しさや充実感を味わいながら子ども自身が獲得していくことを見守り，援助するのが教師の役割であるということを特に「内容の取扱い」として言っているわけで，このことは忘れてはならない大事なポイントであろう。

7．発達の過程

　以上述べてきたような「内容」の 13 項目が，子どもがそれぞれの幼稚園でさまざまな活動を体験していく際の，あるいは環境を考えるときの一つの手がかりになっていくのであるが，各園での保育の内容を具体的に考えていく場合に最も大切なことは，現実にこれまで蓄積されているそれぞれの園の生活の流れと，子どものそこでの育ちというものを再点検していく姿勢である。これがなければこの人とのかかわりに関する領域における育ちの側面をとらえたり，働きかけることは非常に難しいわけである。

　従来の保育というもの，園生活というものが，果たして子どもにとって本当の生活として成り立っていたかどうかということの再点検が必要であり，その再点検をしていく場合には，子どもの生活の流れを再考してとらえ直す必要がある。この点については，各園の実情において「確かめ」を行わなければならないが，その確かめをする一つの手がかり，参考資料となるものが，平成元年に大改訂された幼稚園教育要領をめぐる「幼稚園教育指導書」（文部省，平成元年 12 月）の後半の参考資料の中に示されている。現行の幼稚園教育要領にも通じる内容であるので，それをみてみよう。その「発達の過程をとらえるために」という項で，園生活全体の中での発達の過程というものには，発達の段階ではなくて，ある流れがあるであろうということで，その発達の過程を知る手がかりとして一つのプロセスが参考のために載せられている。それをみてみると，以下の 5 つの流れの状況が出されている。

(1) 一人一人の遊びや教師との触れ合いを通して幼稚園生活に親しみ安定をしていく時期。
(2) 周囲の人や物への興味や関心が広がり，生活の仕方や決まりが分かり自分で遊びを広げていく時期。
(3) 友達とイメージを伝え合い共に生活する楽しさを知っていく時期。
(4) 友達関係を深めながら自己の力を十分に発揮して生活に取り組む時期。
(5) 友達同士で目的をもって幼稚園生活を展開し深めていく時期。

　この参考資料としての「発達のプロセス」は，このような発達の流れの手がかりを提示して，それに対して幼児の生活する姿はどんなふうな状況であるの

かということも例示してある。もちろんここに示されている(1)〜(5)の時期は、これがモデルになってしまうと、また危険であるし、またこの時期を何年保育の何月から何月までというような時間的区切りに当てはめて考えることは絶対に避けなければならないことである。ただ、子どもの集団生活は不安と緊張に始まり、群のような状態からスタートしていくということは従来も言われてきたことであり、やがてそのような不安や緊張が解消され、かかわり、結びつきが始まり、ぶつかり合いやもまれの中で、やがてもっとしっかりとしたかかわり合いが育ってくる、仲間意識の芽生えが出てくる、役割と分担なども可能になってくる、というような「育ち」を長い見通しの中で生活見通しとしてきちんと持っているということは非常に大事なことである。

　その点について、この発達の過程というものを一つの手がかりにしながら、自分の園の生活においてはそれがどのように具体的にはあるのかということを、目の前の子どもの姿をとらえながら、独自の発達のプロセスをつくり出していくというのが各園の保育者のやるべきことなのである。つまり、あくまでも発達の過程というのは、保育者が自分の目を通して、集団生活の初期のところから集団生活終了に至る道筋の中で、一人一人の子どもがどう変わり、そして子どもと子どものかかわりがどう変わっていくのかということをとらえていくことが非常に重要なことであるということが言えるのである。

II　保育所保育指針

1．保育所保育指針の理念

　平成29年3月に厚生労働大臣より、保育所におけるこれからの保育内容を示すものとして、新しい保育所保育指針が告示された。

　保育所保育指針は、先に述べた幼稚園教育要領とは異なって、法的な拘束力を持つものではなかったが、前回の告示化により、幼稚園教育要領と同様に法的拘束力を持つものとなったのである。

従来の保育所保育指針は，保育所保育指針が昭和40年に厚生省より初めて示されて以来20年ぶりに平成元年に大幅に改訂されたものを受け継ぐ形でその10年後の平成11年，および平成20年に改訂されたものであるが，今回さらに，その後の社会状況の変化に伴い，子どもや保育所を取り巻く諸状況がさらに変化し，保育所の役割と機能が広く社会から重要なものとして認められ，求められてきたことを受けて，これからの保育の方向を示すために，その内容を改訂したわけである。

　新しい保育所保育指針は，その理念を，保育所は児童福祉法に基づき保育を必要とする子どもを保育する児童福祉施設である，という特性を押さえた上で，第1章総則　1(1) 保育所の役割で以下のように述べている。

　（原文）

ア　保育所は，児童福祉法（昭和22年法律第164号）第39条の規定に基づき，保育を必要とする子どもの保育を行い，その健全な心身の発達を図ることを目的とする児童福祉施設であり，入所する子どもの最善の利益を考慮し，その福祉を積極的に増進することに最もふさわしい生活の場でなければならない。

イ　保育所は，その目的を達成するために，保育に関する専門性を有する職員が，家庭との緊密な連携の下に，子どもの状況や発達過程を踏まえ，保育所における環境を通して，養護及び教育を一体的に行うことを特性としている。

ウ　保育所は，入所する子どもを保育するとともに，家庭や地域の様々な社会資源との連携を図りながら，入所する子どもの保護者に対する支援及び地域の子育て家庭に対する支援等を行う役割を担うものである。

エ　保育所における保育士は，児童福祉法第18条の4の規定を踏まえ，保育所の役割及び機能が適切に発揮されるように，倫理観に裏付けられた専門的知識，技術及び判断をもって，子どもを保育するとともに，子どもの保護者に対する保育に関する指導を行うものであり，その職責を遂行するための専門性の向上に絶えず努めなければならない。

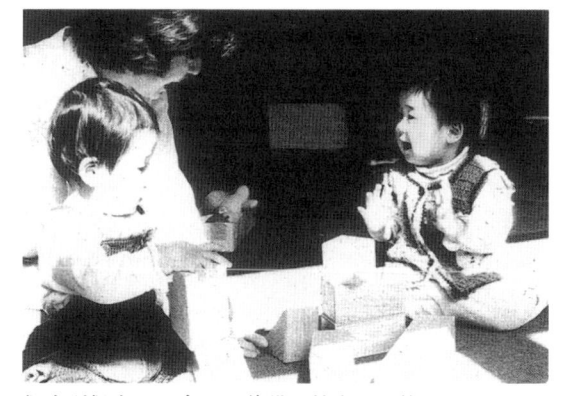

保育所保育の理念は，養護と教育が一体となって，
豊かな人間性を持った子どもを育成することである。

　これは，保育所の保育は，
① 保育を必要とする子どもの，健全な心身の発達を図ること
② 家庭との緊密な連携の下に，養護及び教育を一体的に行うこと
③ 入所する子どもの保護者や地域の子育て家庭に対する支援を行うこと
④ 専門的知識，技術及び判断をもって子どもを保育し，子どもの保護者に対する指導を行い，専門性の向上に絶えず努める

ということを理念とするということである。
　①は，保育所は子どもの健全な心身の発達を図ることを目的とする児童福祉施設であり，その福祉を積極的に増進するために最もふさわしい生活の場でなくてはならないのであるが，こうした保育所の役割について保育所保育指針に明確に位置づけたものである。②は，保育所における保育は，家庭との連携のもとに，養護と教育が一体となって豊かな人間性を持った子どもを育成することをその特性としている。そのため，保育に携わる者の間に共通の理解を形成し，養護と教育の充実を図ったものである。③は，保育所に入所している子どもの保育とともに，その保護者に対し，就労状況や子どもの関係等を踏まえた適切な支援，さらには地域の子どもやその保護者に対する子育て支援を担う役割が一層高まってきているので，そのことを前回の改訂につづいて，指針の中に位置づけたものである。

2．保育所保育指針における保育内容

新保育所保育指針は，以下の5章から成っている。
　　第1章　　総　　　則
　　第2章　　保育の内容
　　第3章　　健康及び安全
　　第4章　　子育て支援
　　第5章　　職員の資質向上
　第1章「総則」では，まず先に述べた「1 保育所保育に関する基本原則」，「2 養護に関する基本的事項」として理念が示されたあと，保育を展開するにあたっての「3 保育の計画及び評価」「4 幼児教育を行う施設として共有すべき事項」が述べられ，ついで「第2章 保育の内容」として，保育所における保育内容をどのように考えるべきかということについて示している。それによると，保育の内容は，「ねらい」および「内容」で構成されているが，保育所保育指針の「ねらい」と「内容」はどのように考えられているのであろうか。教育要領に関してもみてきたように，その考え方を，ここで押さえておこう。

(1) 保育所保育指針の「ねらい」について

　保育所保育指針の「ねらい」と「内容」を理解するためには，前提として幼稚園教育と保育所保育の特性の違いを理解しておく必要がある。幼稚園は，先に述べたように，現行の制度の中では教育機関に属するものであり，その理念は，「教育的な視点」に貫かれている。一方，保育所は，児童福祉施設であるということから，その保育の理念は，先述したように「養護的な視点」と「教育的な視点」の2つの視点を持ったものである。そこで，保育所保育指針の中で「ねらい」は，次のように示されている。
　　（原文）

> 「ねらい」は，第1章の1の(2)に示された保育の目標をより具体化したものであり，子どもが保育所において，安定した生活を送り，充実した活動ができるように，保育を通じて育みたい資質・能力を，子どもの生活する姿から捉えたものである。　　　　　　　　　　　　（〜〜〜線筆者）

ここに言われている「保育の目標」とは，保育指針の総則「1 保育所保育に関する基本原則」の中で「(2) 保育の目標」として挙げられている次の6つの項目のことである。

(ｱ) 十分に養護の行き届いた環境の下に，くつろいだ雰囲気の中で子どもの様々な欲求を適切に満たし，生命の保持及び情緒の安定を図ること。

(ｲ) 健康，安全など生活に必要な基本的な習慣や態度を養い，心身の健康の基礎を培うこと。

(ｳ) 人との関わりの中で，人に対する愛情と信頼感，そして人権を大切にする心を育てるとともに，自主，自立及び協調の態度を養い，道徳性の芽生えを培うこと。

(ｴ) 生命，自然及び社会の事象についての興味や関心を育て，それらに対する豊かな心情や思考力の芽生えを培うこと。

(ｵ) 生活の中で，言葉への興味や関心を育て，話したり，聞いたり，相手の話を理解しようとするなど，言葉の豊かさを養うこと。

(ｶ) 様々な体験を通して，豊かな感性や表現力を育み，創造性の芽生えを培うこと。

(2) **保育所保育指針の「内容」について**

上述のように「ねらい」も2つの視点から構成されているので，「内容」もまた，この2つの視点を持ったものとして，以下のように示されている。

（原文）

> 「内容」は，「ねらい」を達成するために，子どもの生活やその状況に応じて保育士等が適切に行う事項と，保育士等が援助して子どもが環境に関わって経験する事項を示したものである。　　　　　　　　（～～～線筆者）

そして，さらに，内容について

> 保育における「養護」とは，子どもの生命の保持及び情緒の安定を図るために保育士等が行う援助や関わりであり，「教育」とは，子どもが健やかに成長し，その活動がより豊かに展開されるための発達の援助である。本章では，保育士等が，「ねらい」及び「内容」を具体的に把握するため，主

> に教育に関わる側面からの視点を示しているが，実際の保育においては，養護と教育が一体となって展開されることに留意する必要がある。

とし，養護については，第1章2の(1)養護の理念において，

> 保育における養護とは，子どもの生命の保持及び情緒の安定を図るために保育士等が行う援助や関わりであり，保育所における保育は，養護及び教育を一体的に行うことをその特性とするものである。保育所における保育全体を通じて，養護に関するねらい及び内容を踏まえた保育が展開されなければならない。

としている。そのうえで，乳児保育に関わるねらい及び内容については，基本的事項のイとウにおいて，

> イ 本項においては，この時期の発達の特徴を踏まえ，乳児保育の「ねらい」及び「内容」については，身体的発達に関する視点「健やかに伸び伸びと育つ」，社会的発達に関する視点「身近な人と気持ちが通じ合う」及び精神的発達に関する視点「身近なものと関わり感性が育つ」としてまとめ，示している。
> ウ 本項の各視点において示す保育の内容は，第1章の2に示された養護における「生命の保持」及び「情緒の安定」に関わる保育の内容と，一体となって展開されるものであることに留意が必要である。

とし，また，1歳以上3歳未満児と3歳以上児の保育に関するねらい及び内容については，(1)基本的事項のイとウにおいて共通して，

> イ 本項においては，この時期の発達の特徴を踏まえ，保育の「ねらい」及び「内容」について，心身の健康に関する領域「健康」，人との関わりに関する領域「人間関係」，身近な環境との関わりに関する領域「環境」，言葉の獲得に関する領域「言葉」及び感性と表現に関する領域「表現」

> としてまとめ，示している。
> ウ　本項の各領域において示す保育の内容は，第1章の2に示された養護における「生命の保持」及び「情緒の安定」に関わる保育の内容と，一体となって展開されるものであることに留意が必要である。

としている。「内容」もまた，「ねらい」を達成するために，養護的視点を持った「基本的事項」と，教育的視点を持った「領域」によって示されている。

　ここで注目しておくべきことは，幼稚園教育要領と同様，子どもの発達の側面から「健康」「人間関係」「環境」「言葉」「表現」の5領域が置かれており，その領域観も幼稚園教育要領と同様，子どもの発達を観る視点として考えられていることである。これは，幼稚園教育との保育内容の整合性が考えられている結果であり，教育的視点における保育内容は，幼稚園・保育所を問わず同じ方向性においてとらえられているということが言えるわけである。

　保育所保育指針の保育内容として示されている「人間関係」に関する内容は，巻末に抽出して掲載しておいたので，それを参照されたい。

III　園生活の構造

　さて，人とのかかわりの育ちというのは，すでに領域について述べたように，全領域の相互性の中において確立されていくものであるが，実際の経験や活動は，具体的な生活の中で体験していくものである。したがって，大事なのは，園生活がどういう生活構造を持っているかということである。

　ここで特に大事なのは，その中核をなす「遊び」と「生活」という言葉に関する理解の問題である。

　園の全生活は，子どもにとって楽しく，自発的な行動ができ，かつ主体的な活動の場として育ってくるような意味を持っている生活の場でなければならないのだが，その全生活の中で中心になっている活動が遊びということであって，遊びと生活というのは切り離して考えるべきものではない。これがよく間違え

られるところである。全生活の中に遊びは含まれて考えられてこなければならない。

　この全生活の中での大事なものとして「遊び」のほかに，もう一つ考えられるのが，子どもの生活行動，つまり生きるために必要な行動力の獲得をする部分がある。これには，従来言われていた基本的習慣の獲得をしていく部分と，それから，子どもが園生活で一人の生活者として生活の営みにかかわって活動してくる部分，つまり生活の作り手，担い手として，特に生活の営みにかかわってくる部分がある。もちろんこの作り手，担い手の部分は遊びの活動についても言える。

　したがって，園生活の活動というのは，遊びという自発的な活動と，生活の作り手，担い手としての生活のメンバーとして生活活動と言われている部分として参加してくる部分と，その両方が含まれて全生活を通して子どもが育ってくるというふうに考えることが大事なのである。

　さらに，そのほかに，教師が子どもの主体性，あるいは自発性を大事にしながら題材を提案していく活動もその中に加えられることもある。行事的な活動もその一つと言えるし，その他の小さな活動でも，子どもの自発性や主体性，あるいは子どもの自由性，自己課題性，こういうものを大事にしながら取り上げられてくる題材による活動も含まれてくるが，それらはいずれも全部を含めて子どもの生活という大きな「生活する」という活動の中に含まれて考えられるということが大事なのである。

　さらに，ここで言葉の誤解を招かないように言っておきたいのは，「活動」という言葉は，遊びも生活活動もすべてを含めて，子どもの具体的な動きになったものを「活動」という言葉でとらえているということである。

　要は，一つの園生活というものが子どもの家庭や社会を含める生活圏という広い生活の中で，子どもが生活主体者として動けるような園生活というものが組み立てられ，そして，その生活が園生活の営みという流れの中に発展的に展開されていく，こういうことが子どもの人とのかかわりのフィールドとして，つまり環境として大変大事なのであり，そういう意味で長い見通しを持っていく必要がある。つまり，そういう長い見通しを持つものが，長期の生活設計としての保育（指導）計画であったり，あるいは教育課程であるということである。

第4章

園生活と「人とのかかわり」の育ち

I 「依存」から「自立」そして「自律」へ

1. 自己発揮の出発点としての不安のない園生活

　園生活における子どもと子どもの人間関係の形は，それまでの家庭生活における母親への情緒的・一方的依存から離れて，自己を独立した一個の存在として他との関係のなかに位置づけていくものである。けれども，保育者との関係は基本的には母親との関係に類似し，子どもは受動的立場にあると考えることが大事だろう。

　子どもは保育者に受容された安心感を土台にして，日々の園生活のなかで，欲求充足のため自己を主張し，他と衝突・対立を繰り返しながら，自分のことは自分でやるといった自立の必要性を感じる。とともにそこで他人の存在を知り，自己の要求を表現し明確に相手に伝えることの必要性，また相手も要求をもち，考えがありそれを主張し，しかもそれは自分と一致しないことを知る。そして，要求や意見がぶつかりあったときには，どのように対処すればよいのかを考える姿勢が育ってくる。その結果，みんなと一緒に生活するためにルールを守る必要性を体験して，自律性や協調の態度を身につけていくのである。

　さらに，さまざまな発達段階とパーソナリティーをもつ子どもたちにとって，集団生活は自分とは違った状態にある仲間の存在の認識と相互理解を深め，仲

間へかかわるその行動に変化をもたらすものなのである。

2．「依存」と「受容」の大切さ

　「依存」から「自立」を人とのかかわりの育ちの筋道として考えた場合に，とかく子どもの依存的な行動は，未発達な状態であるとか，望ましくない状態として，その行動を否定してしまうことがある。

　「依存心が強い」「甘える」「ひざに乗りたがる」「先生にだっこしてとくっつく」これらの言葉は，いずれも大人にはあまり歓迎されない子どもの気持ちと行動であると考えられていることが多い。

　しかし，今日，「甘え」の意味と必要性が論じられている。甘えの必要な時に十分に甘えさせてもらえないこと，ひざに乗りたい気持ちを十分に満足させてもらえないことが，その後の発達に影響があるということである。「甘え」も幼児期の「発達課題」の一つとして考えるべきだという意見である。

　人間にとって「依存」は，「自立」の発達の過程で全く消え去ってしまうものではない。それぞれの個性の中で，育ちとともに「依存性」と「自立性」は質的・量的に変化しながらも存在し続けるものと考えるべきであろう。

　ただし幼児期は，その初期に特にすべての生活の仕方に依存性が高い。特に母親依存の生活によって，生命を維持し，生活の仕方を身につけていく。

　この「依存」を大人に受けとめてもらうことによって安定した情緒の基礎がはぐくまれ，また，情緒の安定した生活をする中で，自己を発揮し始める。自己を十分に発揮できるような人とのかかわりが「自発性」の土壌である。

　施設における乳児保育において，「自立」の発達を要求することが，「依存」を全く否定する保育となったら大きな誤りを犯す

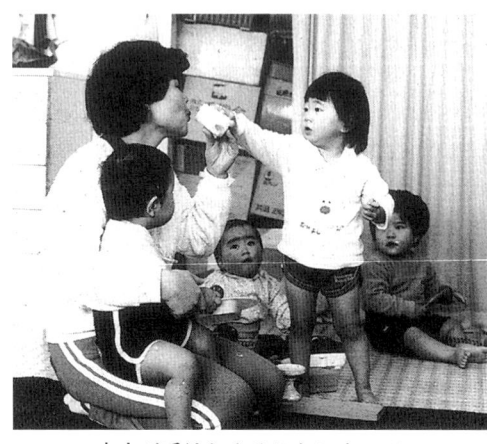

大人が受けとめることによって
子どもの情緒は安定する。

ことになるだろう。むしろ考えなければならないのは，乳児と母親，乳児と保育者の関係で子どもがどのように「依存」の経験をしているかということであり，保育者としては，子どもの依存をどのように受けとめることが，不安を取り除く意味でいかに大切かということである。

　保育における子どもの「受容」について考えることは大切な問題である。生活的な「依存」は乳児期，幼児期に多いが，そればかりでなく，幼児期後半においても諸活動の中に「依存」つまり大人に頼る要求や行動を認めることができるし，保育者はそれにどう対処するか考えなければならないことがある。そしてそれは，子どもを受け入れる姿勢を基盤としなければならないのだ。

　「描けない」という子どもがいる。この言葉一つの中に「描きたくない」という気持ちが表現されている場合もあれば，「どう描いたらいいかわからない」という場合もある。そこで保育者の「受容」と支えが必要になってくる。特に「どう描いたらいいかわからない」場合には，イメージがわかないのか，表現の仕方，線の描き方がわからないのか考えてやらなければならない。それによって，助言・助力の仕方が違ってくる。子どもにうまく手がかりを与え，子どもがそれによって満足を得，自信を持った場合には，その助言・助力は「依存」の受けとめという意味をもっているし，同時に「描ける自由を獲得すること―描くことの自立―」への手がかりとなることが考えられる。

　「まずは自分でやらせてみることが必要だ」ということから，「自分でやってごらん」「自分で考えてごらん」と意図的に「つき離し」をすることがある。それは「依存性」が多く残存し，「自分から動こうとしない」意欲を持たない子どもに対しては必要な対処の仕方である場合もある。けれども，ただ「つき離し」さえすれば子どもは「自立」すると考えるのは短絡的な考え方であり，「依存」から「自立」への道筋は，「受容」によって「安定」を得るというかかわりと心情の問題として，もっとていねいに対処しなければいけないだろう。

3．生活行動の「自立」として

(1) 基本的習慣の自立――基礎的な行動力の自立――

　幼児にとって，園生活が始まるということは，それまでの家庭生活における母親依存の生活から，今度は自分一人でいろいろな物事に対処し，処理しなけ

ればならない生活へと移るということを意味する。その点で，自立ということにおいては一歩大きく前進しなければならない状態になる。そこで，この項では，集団生活の中で，この「自立」をどのように考えていったらいいのか，という点について述べてみたい。

「自立」は直ちに「基本的習慣」とかかわると考えられやすい。そして従来，この基本的習慣は，園生活におけるよりはむしろ，就園までの家庭生活において親と子の関係の中で，しつけられ，習慣化されなければならない課題として考えられてきた。しかしながら，これは保育所は言うに及ばず，幼稚園においても，集団の生活の中で育つ子どもの生きる力の育ちとして重視され，もう一度点検され，改めて生活行動の獲得と自立として考えられなければならない。食事，排泄，衣服，清潔，休息，睡眠などにかかわる行動のみならず，さまざまな生きるために必要な行動としての「生活行動」の自立，それらが家庭生活で育ってくるとともに，幼稚園や保育所での仲間との生活の中でも，それらが必要性によって行動することを通して，より確実に育ってくる。しかしながら，現実における親子関係の場での「自立」と家庭外の生活圏での「自立」には違いがある点に注意すべきである。たとえば，園における食事では，自分だけおはしを持って食べることができれば自立というのではなくて，友達と一緒に給食なりお弁当なりを，机を囲んで楽しく食べるということができるかどうかということが含められてくる。食べ方の速度の問題，楽しく食べるために仲間と会話をする，机の準備をするというような活動，食後の片づけ，そして，自分が早く食べ終わった後どうしたらいいかということ，これらのことが理解され，そうした行動がとれ，みんなで楽しく，気持ちよく食べられることができるようになったときに初めて，みんなと一緒に食べるという生

楽しく食べることができて，はじめて自立と言える。

活課題が解決され,「自立」と言えるのである。

　排泄について言うならば, ただ一人でおしっこができるとか, 大便の後始末ができるということだけではない。園生活では, 自分がおしっこがしたい, 出そうだというようなことをはっきり意思表示できるということ, あるいは, 排泄はどこへ行ってやればいいのかということをすぐ判断して処理できること, さらに, 一々先生に言われなくても, 自分でだいたい予測して, 見通しを立てておしっこをしておいて, 活動の途中でがまんできなくならないようにしておくとか, これらのことができたとき初めて, 排泄の自立ができたと言えるのである。

　衣服についても同様なことが考えられる。自分で脱いだものをきちんと表をむけ, たたんだり片づけたりし, つぎにまた着やすくできるような衣服の処理までを含めて自立したと言える。

　清潔についても, ただ手先を洗うだけではなくて, 顔あるいは自分の体全体などどこでも洗えるようになり, さらにはタオルをしぼってふくことができるというようなことも含めて初めて,「自立」したということが言えるのである。

　休息や睡眠の「自立」についても, それには自分が疲れたときには自分で静かな活動に切り換えられる, 一人で寝られる, また, ふとんを敷くとか, 片づけるとか, ねまきに着がえるなども含められる。

　こうして考えたときに, 生活行動についての「自立」は, ただ単にしつけ上の問題だけではなくて, 子どもが園生活の中で仲間と一緒に自信を持って生活していくための, 基礎的な行動力の「自立」として大事な意味を持っているといえよう。これは第1には, 人間として生きるための基礎行動としての問題であり, 第2には, 人間関係の中でどのような生活の仕方をしていくかということにかかわる問題, つまり, 子どもたちの住む社会の生活文化とのかかわりがあるということである。

(2) 思考の自立

　ところで, この生活行動としての「自立」ということにもう一つ加えたい問題がある。それは「思考の自立」ということである。最近の子どもたちはとかく自分で考えようとしない傾向がある。この傾向を「依存型の思考」と言っておこう。考えることが自立していない。何でも大人に聞いてくる。「どうする

の？」という言葉が非常に多い。自分で物を探そうとしないで，最初から「ない，ない」と叫び出す子ども。あるいは何か失敗したときに，どこがまずくてどこをやり直せばいいのか考えようともしない。また，なぜか，どうしてかということも考えない。子どもなりに自分で問題を解決しようとしない。これは意志・意欲にも関係することでもあり，家庭生活での日常的な「思考の態度」形成が大きく影響している。このことは知能の良し悪しとは別な側面としてとらえるべき問題なのである。

筋道を立てて考え，豊かなイメージを働かすことが「思考の自立」

「依存型の思考」の問題が起きてきた背景には，親の過保護的な傾向を否定することはできない。何でも親が先に答を与えてしまう。あるいは，子どもにいつも正しい答を言わせようとする。それは子どもが自分で考えようとする機会を与えないことになる。子どもは親の顔を見てから解答を得ようとする。そして自分で考えて解決しようとする態度を失ってしまうのである。

幼稚園や保育所においても，子どもにゆっくりと遠回りをさせて考えさせ，行動させようとしないで，非常に短絡的に問題を解決してしまうような指導の仕方が多いので，案外，保育の中で子どもに自分で考える余地を与え，その機会を大切にしていない場合が多い。技能の向上や結果がきれいなまとまりになることを願う指導に，この危険性が目立つ。

子どもにとって「考える」ということは，筋道を立てた考えを働かすことと，豊かな想像（イメージ）をもつ考えを働かすことである。時と場合により，この二つの考えを子どもなりに自分で働かせる状態をここでは「思考の自立」と言ってみたい。

(3) 感動性の自立

「生活行動」としての自立では「感動性の自立」について考えてみることが

大切であろう。最近の子どもたちは、子どもなりの心の動きを失う危険性を持っている。子ども、特に幼児は、大人の思いもよらないこと、大人から見れば、ばかばかしいことに心を動かす。

たとえば、買物に連れていかれる途中の道で水溜りにしゃがみ込んでいる。「ねーママそらがあるよ」と言っている。「ほら、

子どもの心の動きに共感することが、感動性の自立を支える基本。

いつまでそんなところにいるの、はやくいらっしゃい」母親は子どもの心の動きに共感を持っていない。認めていないのである。

口先だけで、心の動きがない子どもがいる。「せんせい、そんなときにごめんなさいっていうのね」と評論家的に発言するけれども、友達に対する同情心、思いやりの心の動きはない。

保育者が子ども自身の心の動きを認め、それに共感を持つことによって、子どもが本来持っている心の動きは子どものものとして育っていく。また子どもが子どもに対してやさしい心を向けていく生活の仕方の中で、他の人に対する子どもの心の動きが子どものものとなる。

このような子ども自身の心の動きが豊かになっていくこと、それは人間としての発達において大変重要なことであり、「感動性の自立」を一人立ちの過程の内容として重視したいものである。

4．幼児の集団としての自立

「自分」のことは「自分で」から、「自分たち」のことは「自分たちで」ということの発展が考えられる。すなわち、子どもたちが自分のまわりにある積み木やおもちゃを自分たちで片づけるとか、先生と一緒になって机や椅子を並べるとか、あるいは先生がお花に水をやっていたものを、自分たちにもやらせてくれといってそれを手伝い始めるとか、さらには、そのお手伝いという形をど

んどん自分たちでやり始めるという変化である。このような経験を通して園生活が進んでくると，やがて生活の中で生ずるいろいろな問題を，幼児なりに自分たちで解決しようとする動きさえ認められるようになる。このような動きを「集団としての自立」，つまり集団としての「自治性」の発達といっておく。本来，子どもたちのあつまりが本当に「集団」として発達していくためには，自分たちのことは自分たちで考えようとする姿勢なり能力が育ってきているかどうかということが確認されなければならないのである。

　「自分たちのことは自分たちで」解決されるためには，集団生活の中で「生活の運営にかかわる行動」というものが，子どもたち自身によって実践されていく必要性が出てくる。この行動を「生活活動」と言っておこう。たとえば，カバンをかける，帽子をかける，靴の始末をする，あるいは脱いだ服をちゃんとかける，これらの自分の持ち物を自分で処理したり，自分でトイレへ行きたくなったらトイレへ行く，手を洗うという，生活するためには子ども一人一人が各自でできることが必要な行動がある。

　自分たちのことは自分たちでやるというとき，2歳，3歳の子どもでも，みんなで机を一緒に運ぶ，椅子を運ぶ，積み木を一緒になって運ぶ，あるいはみんなで机を並べて活動の準備をする，さらにみんなのかわりに自分が考えてやり出すなど，自分たちの生活に必要な活動を自分たちでやろうとすることへの，関心がみられる。自分たちのことは自分たちでという行動が園生活の中にはいっぱいあって，子どもたちが積極的にそれに取り組んでいくようにしむけていくところに，本当の集団としての自立が生まれてくると考えなければならないだろう。

5．かかわりの意識の育ちと「係」「当番」的な役割活動

　係，当番活動は，リーダーシップを持っている子どもの役割として，あるいは保育者に対して「いい子」になるための立場，役割ということではなくて，子どもの「依存」から「自立」への過程の中で意味のある経験や活動として考えなければならない。子どもは自分のことは自分でという行動から出発し，やがて自分たちのことは自分たちでという活動に発展する。たとえば幼稚園の生活の中で，お手伝いという動きが出てくる場合がある。先生のやっていること

に関心が向けられ，自分が非常に興味があるときには，それをやりたがる。そこで子どもにやらせてみる。花の鉢に水をやることや，小鳥の餌や水の世話，椅子や机を並べることなど，いつの間にか自分たちの生活のことに対して目が向けられていく。それはあくまでも自分の興味で行動していることであって，みんなのために役立つとは思っていない段階である。その活動の中から特に興味が強く，また，それをうまくやったりする子どもたちがしばらく続けてやってみるというような形で「係」的な立場が生まれてくることもある。「係」的な立場は，まずその子どもの意志・興味が中心で，それをまわりの子どもたちが認めたときに，クラスの中の役割となる。いろいろな「係」が生まれる場合もあるし，一つの「係」に希望者が集まって交代制がしかれることもある。

役割活動は，自治的な活動として展開されて，はじめて意味をもつ。

「みんながやりたいようだけれども，いちどにできない」「どうしたらいいか」，「かわりばんこですれば」，「じゅんばんはどうする」というようなことが子どもの間で問題になり，「当番」的な制度を作り出すことになる。いずれにしても，係，当番的な役割活動というものが子どもたちの生活活動への興味と問題解決の結果作り出されるものでなければ，自治的な活動として，あるいは集団的な自立への具体的な活動として意味がないものになってしまう。保育者の便利さのために，保育者が子どもたちにおしつける「制度」であってはならない。

6．自律性の育ち

「自律」(self-control) ということは，「自立」(self-help) とは違う。いま自分は何をしなければならないか，どのようにすべきかということが考えられ，そして，それによって自分の行動をコントロールすることができるようになる状態を「自律」と言う。したがって，この自律性は社会性とほとんど裏と表の

関係にある。他人とのかかわりの中で生活し，行動することができるようになるという姿勢や態度，能力と，この自律性が育ってくるということは密接な関連がある。

　子どもが自分でがまんできることを「自律心」あるいは「自律性」があるといい，忍耐力のように考えている人がいるが，これは誤りである。むしろ，他人と自分とのかかわりの中で，自分はいまどうしなければならないかを考え行動していくことを，自律性の内容としてとらえることが大切である。そのためには，一人一人の子どもが自己を十分に発揮すること，つまり自発性の育ちが先行しなければならない。子どもが自己を発揮し，ぶつかりあったりする体験を通して，自己と他のかかわりを意識するようになり，自己を統制する必要性を自覚し，行動化するようになるのである。したがってこの自律性も，依存から自立への過程として，集団生活の中で初めて具体的に子どもが感じ取り意識し，習得していくことができるものと言える。特に年長組になって学級集団の一員として生活していく上でも，また正しく主張をしていく上でも，この自律性は非常に大切になってくる。みんながいまどういうことを考えようとしているか，そして，自分はどう考えるか，自分の考えをはっきり出すということも大事なことであると同時に，友達の言っていることも聞く必要がある。そして，いま自分はどのようにしなければならないかということを考えて，子どもなりに自分でそれを判断し，自分の行動をコントロールすることなど，徐々に身につけていかなければならない課題なのである。

　この場合に，あくまで子どもなりに自分で判断し，自分でコントロールできるということが大事であって，もし，「先生とお約束」とか，「しかられるから」ということでしかコントロールできない場合には，これは自律ではなく他律ということになり，「自律性」が育っていないことになる。

II 「群れ」から「集団」へ

1.「群れ」に始まる園生活

　幼稚園や保育所での生活は，言うまでもなく集団での生活である。しかしながら，この集団での生活に対する見方が非常にあいまいな場合が多い。園生活は最初から集団として子どもたちがまとまっているように誤解して，子どもたちの指導をしようとする保育者もいる。子どもが何人か集まっていればそれは「集団」であると思うのは，「集団」の状態を正確に観察し理解していないことである。

　まず，この集団生活の始まりというのは，子どもにとっては非常に不安であり，緊張している状態である。そして，まだ一人一人の結びつきがなくばらばらな状態である。この状態を「群れ」であるとか，あるいは「烏合的な状態」という。このような群れのような状態から，少しずつ子どもたちが生活に慣れ経験を積み重ねることによって，やがて子どもたちのかたまりは「集団」らしくなっていく。その過程が実は「園生活」であって，園生活は厳密に言えば「集団生活」というよりは，「集団化の生活」と言い表してもいいくらいである。

　さて，この不安と緊張に始まる子どもの心をまず解きほぐし，自己主張やぶつかり合いができるようになり，自信を持って園生活ができるようにしていく。その変化を引き出す大事な役割は保育者（子どもにとっての「せんせい」）である。母親の手

園生活は不安と緊張に始まる。

から先生の手へと，先生の手を頼りにしながら，子どもたちはやがて自分で親から離れた不安を乗り越え，そして，仲間を見出し，友達のふれあいに気がつき，お互いの結びつきができていく。

　この園生活の始まりの時期に「不安」と「緊張」を抱くのは，入園式や入園当初に，親から離れるのを嫌がって泣く子どもや，うちに帰るといって泣きあばれる子どもだけではない。「ハーイ」といかにもいい子のように返事をしたり自分でさっさと身仕度をしたりする子どもも同じなのである。入園して間もなく，家庭でおねしょをしてしまう子もでるし，夜泣きやねぼけがでる子どもたちのケースも少なくない。幼稚園では非常にいい子ぶって返事をしたり，にこにこ笑っていても，うちへ帰ってから機嫌が悪かったり，やたらと甘えるようになったりする。これらの現象は，どんなに園生活でいい子ぶっていても，それなりに緊張していることを裏づけている。集団生活の始まりは「喜びと希望にあふれて」というよりは「不安と緊張で泣きたいくらい」なのだと子どもの心を理解しながら，生活環境を整備し，保育者として子どもを受け入れ，生活内容を考え，援助していかなければならない。

２．新しい「仲間とのふれあい」への手がかり

　さて，この群れから集団へというときに，新しい仲間とのふれあいへの手がかりとなるものは何かということを考えなければならない。それでは，どういうことを手がかりに子どもたちがこの「群れ」の状態から脱皮し「集団」を形成していくのであろうか。まずそれには２つの面からの環境の構成が大切である。

(1) 物的な環境

　生活環境の状況が子どもたちの不安や緊張を取り除き，そして遊びの行動を引き出す。まずは物的な環境の構成への心配りが必要である。入園式の日に保育室を飾ることも大切なことであるが，それよりもっと大切なことは，トイレの中を明るく美しく飾ることである。それは，不安や緊張が一番あらわれてくる場所の一つとしてトイレが考えられるからである。お便所はどこか，どういうふうにしておしっこをしたらいいのか，子どもは大変不安なのである。あるいは靴やカバン，帽子はどうしたらいいのか，自分はどの椅子に腰かけたらい

いのか，自分の机はどこなのか，おもちゃで遊びたいけれどもどういうふうにしたらいいんだろうかというようなことが，子どもにわかりやすく，そして，雰囲気としては楽しくなるように，安心して使えるように構成する。これが環境の構成として大事なことなのである。環境の構成は，ただきれいに飾ることではなくて，子どもたちの不安を取り除き，子どもたちが園生活に入るのに魅力を感ずるようにすることである。

(2) 人的な環境

つぎに人的な環境であるが，ここではまず「先生」が問題となる。子どもにとって「先生」が手がかりだということは，家庭生活では母親を頼りに依存の生活が多かっただけに，まずは保育者にすがりつきながら子どもたちは安心感を持とうとするからである。それだけに保育者の印象は大切である。「明るさ」「温かさ」を子どもたちは直感的に，特に表情から，言葉から，そして保育者の全身から感じとる。そして緊張を解消し安心して生活の中に入っていく。子どもと生活を共にする保育者というものが，子どもたちの園生活にとって大事な存在であるということが，このことからも容易に理解できる。

(3) 一緒の行動

次には，みんなと一緒に動いてみるということである。たとえば「むすんでひらいて」を一緒に歌う。あるいは一緒に手を動かしてみる。あるいはみんなで立ってみる。あるいは先生のお話を一緒に聞く。「みんな一緒だ」という実感を，歌うことや，絵を描くことや，あるいはお話を聞くことを通して持つ。それがクラスの仲間へのふれあいの手がかりになっていく。

(4) たての関係

年長組の子どもも大事な手がかりになる。園によっては園生活の最初の時期に，特に年少と年長のたてのつながりを大事にしているところがある。これは非常に重要なことである。保育者

子どもにとって園生活の「手がかり」は「先生」である。

が手を出してもそれを握ろうとはしなくても，年長児が手を貸してくれたためにサッと遊びにはいれたというような例はよくある。子どもの心は子どもが一番つかみやすいということもよく言われる。年長児の助けを借りて年少児が新しい集団へ参加していくということが効果的である。

(5) 遊びの始まり

　子どもの生活の中心は遊びであるけれども，その遊びを大事な媒介として子どもと保育者の結びつき，子どもと子どもの結びつきが育っていくことにも留意しておきたい。そのためには積み木遊び，あるいは砂場の遊び，ままごと，あるいは保育者と一緒に庭をかけ回る遊びというものが，一人遊びから仲間との遊びへと発展していく手がかりとなりやすい。保育者をただ追いかけ回す，「せんせいおいかけろ」というような遊びが，この初期の遊びの事例としてある。みんなで保育者を追いかけることによって，いつの間にか「みんな一緒」の気分が生まれてくる。砂場でプラスチックの容器に砂を入れ，型ぬきをし，「プリンができましたよ」と遊んでいる。最初は自分勝手に作って遊んでいるだけだが，やがて「いらっしゃい，いらっしゃい」とお店ごっこらしくなる。一緒に作る仲間ができる。お客もくる。この遊びの内容と発展が集団化の過程として大切な意味を持っている。

(6) 友　　達

　友達の名前に気がつく最初の段階では，友達の名前もわからないで「あの子，あの子」と言っている場合がある。やがて「○○ちゃんという子がいるよ」というようなことを母親に話したりする。この名前がわかるということは，大人の生活で言えば名刺を交換したようなことであって，つきあいの大事な一つのきっかけである。「あの子」の段階から「○○ちゃん」という段階，つまり，特定の名前がはっきり自覚され，特定の「一人の存在」に気づく段階になる。ここにもやはり指導の仕方があって，なるべく事あるごとに保育者が，これは○○ちゃんという子だとか，○○ちゃんがこんなことをしたよというように，子どもたちに仲間の名前を紹介していく機会を多くしていくことがいい。

(7) 意思表現

　言葉による意思表現も仲間とのふれあいの重要な手がかりである。集団の中で意思を言葉で表現するということは簡単なことではない。「伝え合い保育」と

いうことを中核にして実践している保育問題研究協議会（保問研）の保育者たちの中に，参考になる実践がある。
　「けさなにたべてきたの」
　「パンだよ」
　「あら，Aちゃんはパンをたべてきたの，ほかにもパンをたべてきたひといるかしら」
　「ぼくもたべたよ」
　「あたしもたべた」
　「そう，じゃあ，パンをたべたひとここにおいで。Aちゃんも，Bちゃんも，Cちゃんもパンたべたのね。ここはパングループだね」……
という具合にである。

　最も意思表現に抵抗のない話題，具体的に発言できる話題から「自分の思いを人に伝える」手がかりをつかんでいく。そしてやがては問題解決のための発言もできるように育てることが考えられている。難しいことを言う前に，たとえばおしっこなら「おしっこ」，仲間と遊ぶときに「いれて」，否定の「いやだ」などの言葉が言えるかどうかということが大切なことである。特に遊びの仲間に入る言葉として，この「いれて」という言葉は集団生活としては「カギになる」言葉であり，したがって保育者は，子どもがどんな時に，だれがこの言葉を言い出したかということをとらえ，理解することが大事である。

　このようにして，「群れ」のような状態は保育者とのつながりや，遊びや生活的な活動を通しながら，少しずつ「集団」への道を進んでいく。「群れ」にはやがて少しずつ仲間とのふれあいが出てくる。やがて友達との結びつきのある動きが生まれてくる。小さな遊びのグループができて，そして仲間との遊びが継続するようになる。友達の名前がさかんに口に出る。遊具の取り合いでけんかも発生する。「入れてくれない」と保育者に訴えてくる子どももある。このような動きが認められたときには「群れ」ではなくなり，園生活の集団として軌道に乗って動き始めたと考えられる。

3．集団の「形成」について

　集団の形成には大きくは二通り考えられる。一つは，集団のメンバーの一人一人の欲求に基づいて形成される場合で，幼児でいえば，「なになにするものこのゆびとまれ」といって，ある遊びをしたい子どもだけが集まった場合がこの例である。これを社会心理学では「欲求に基づく」集団の形成といっており，

魅力があれば，子どもたちは
自ら集団をつくっていく。

保育者たちは「自発集団」といったりしている。もう一つの集団の形成は，周囲の「要請に基づいて」つくられた場合で，学級集団は保育者の要請に基づいて編成されているので，この例といえる。つまり，そのメンバーである一人一人の子どもの意志によって集まったクラスということは，ほとんどあり得ないのであって，まず，幼稚園や保育所に入れることは保護者が選定し，そして一つのクラスに決めることは保育者の考えによって形成されている。小集団の場合も，保育者の考えでグループメンバーを決めた場合は「要請に基づく小集団」と考える。

　園生活のスタートを，この二つの「集団の形成」の面からみると，「要請に基づく」集団としてのスタートである。子どもたちの集団所属意識という点では集団の質としては，最も低い状態と考えていいだろう。「学級集団を育てる」ということや「仲間づくり」ということは，「要請に基づく集団」の状態をちょうど遊びの仲間の結びつきのような「欲求に基づく集団」の状態のように，その中にいる一人一人の子どもの欲求が受けとめられ，一人一人の子どもが生き生きと集団の一員として活動をするような状態に変化させていくことなのである。

4．集団の「存続」について

　一つの集団が存続するということは，それなりの状況や条件があるからである。一つはメンバーの一人一人がその中に入っていることが自分にとって意味があり，何らかの利益があると考えるからである。あるいは，その中にいいリーダーがいて，その人に魅力があるというようなこと，その集団の中で自分が認められているというようなこと，中に入っていると雰囲気がいいというようなこと等々の状況や条件が集団を存続せしめている。このような状態で，メンバーがかたまっていることを，集団に「凝集性」があるという。それに対し，メンバーが集団から出たいのだが出るとしかられたり，あるいは自分にとって都合が悪いことが起きるから入ってなければならないと思っていて，そのためその集団が壊れないでいるという場合がある。つまり，外から何らかの圧力（外圧）によって中に閉じ込められている状態で，一つのグループが存続する状態である。

　さて，この集団の「存続」についての状態を，クラスあるいはグループに当てはめてみることは，幼児集団を理解したり点検したりするのに非常に都合がいい。いま，学級集団について，ことに「群れ」のような状態の場合には，とかくすると中に魅力がある（凝集性）というよりも，先生にしかられるから出られない（外圧）という状態で，クラスがまとめられているという場合が結構ある。要請に基づく集団である学級集団のまとまりは，うっかりすると保育者の圧力でまとめられる状態になる危険性がある。しかし，学級集団を育てることに成功した場合は，「幼稚園休むのいやだ」「休みだとつまらない」というような状態が出てくる。こうなってくると，クラスは子どもにとってむしろ魅力的な集団となり，外側から圧力をかけられなくても，子どもたちはそのメンバーとして積極的に行動する。

　保育の中で，非常に押しつけられた活動であったり，展開に無理があると，子どもは少しでも早くその場から逃げ出したいと思う。このような行動を「集団からの離脱」という。先生のお話はつまらないから逃げ出したいと考える。先生は逃げ出させまいと，歌をうたわせたり，ピアノをならしたりして何とか席に着かせておこうとする。これはまさに外圧的であり，こういうような状態

が保育の中ではよくみられるのである。したがって，保育者として子どもの前に立ったときに，子どもたちの「まとまり」は，子どもたちを外側からの閉じ込めるような圧力によるものか，それとも自分の話や，あるいは扱っている内容が子どもたちにとって魅力的であることによるのかということを考えてみることは大事である。

　集団の指導としては，たとえ形成過程が「要請に基づく」集団であっても，やがてはだんだん「欲求に基づく」集団として，つまり，中に入っていることに魅力を感ずるような集団として，凝集性のあるようにしていくことが大切である。

5．集団の「構造」について

　園生活のスタート点では，子どもたちの集まりやお互いのかかわりは単なる「群れ」のようであると述べたが，これを「集団の構造」という点からみてみよう。これも幼児の園生活集団の初期的構造を表現していると言えよう。まず，次ページの図①，図②では保育者のリーダーとしての役割が大きく，子どもたちは保育者とのかかわりによって，一つのクラス，あるいは遊びのグループとしてのまとまりを示しているが，組織化されていない。やがて「ふれあい」の状態が認められる（図③，図④）。これはちょっとの間一緒に遊んだような段階といえよう。まだ，「この次も一緒に遊ぼう」という気持ちが生ずることなく，名前を憶えていて母親にも友達ができたと名前を報告するまでにはなっていない。やがて，図⑤のように特定の友達との遊びが持続するようになり，遊びのふれあいの仲間がふえる。組織化されてはいないが，組織化・構造化の芽生えと言ってよい段階だろう。

　やがて何人かの遊び仲間が固まり始める。遊びが持続し，仲間としての固まりも持続する。けれども，まだ力関係はほぼ互角であり，相互にリードしあったりしている。固まりへの子どもの出入り，移動もはげしい。「結びつき」はあるし，遊びの集団としての動きは十分持っているが，変動がはげしい。つまり，メンバーシップ，リーダーシップなどが明確化されていない組織・構造とも言える。

　年長児の特に後半の時期になると，かなり遊びのグループは組織化された状

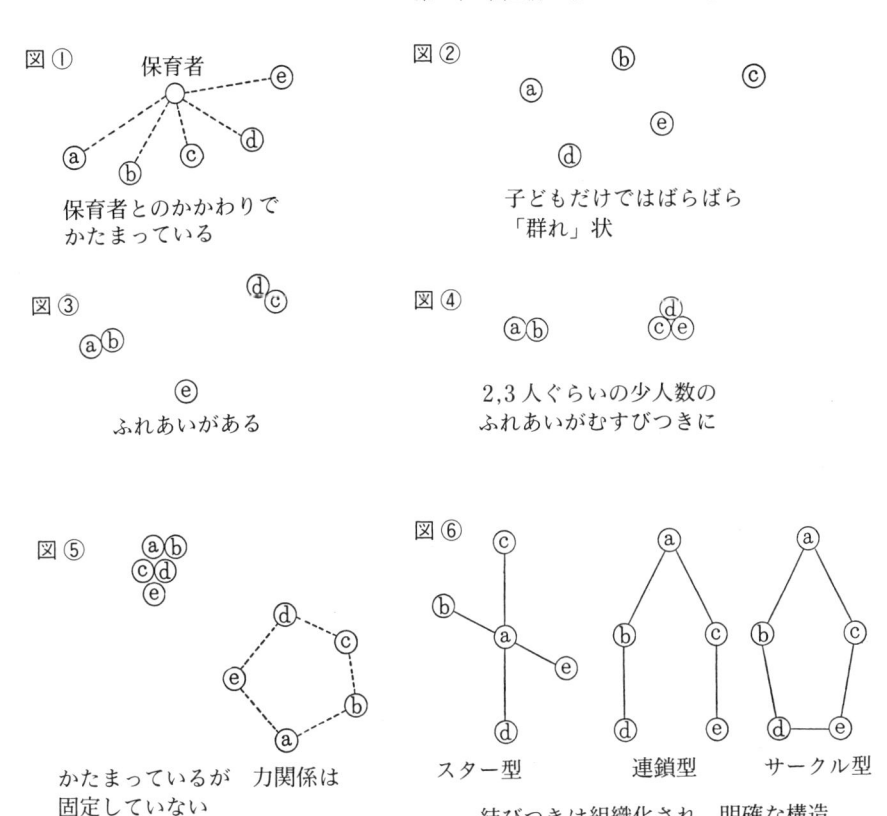

第4章　園生活と「人とのかかわり」の育ち　111

図①　保育者とのかかわりでかたまっている

図②　子どもだけではばらばら「群れ」状

図③　ふれあいがある

図④　2,3人ぐらいの少人数のふれあいがむすびつきに

図⑤　かたまっているが　力関係は固定していない

図⑥　スター型　連鎖型　サークル型
結びつきは組織化され　明確な構造をもつ

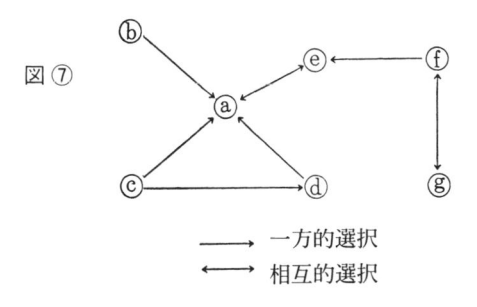

図⑦

　⟶　一方的選択
　⟷　相互的選択

図4-1　集団の構造

態を示すようになる。その状態の中に，社会心理学でいう「集団の構造のパターン」にあてはまるものも見ることができる。スター型，連鎖型，サークル型（図⑥）はその典型である。実際にはもっと複雑な結びつきであるが，そこには，ⓐのような活動（遊び）をリードする，そして集団を存続させる役割を果している子どもも存在する。ただ幼児期の場合は，この構造が固定してしまうのではなく，時と場合によって変動することがある。

　この構造において，メンバー間，つまり子ども相互にどのような力関係があるかどうか知るのが「ソシオメトリー」，それを図式で表現したものが「ソシオグラム」である。

　幼児期の子どものソシオメトリーは，年長児（5歳〜6歳）ではかなり明確に調べることができるが，これもちょっとしたことから「選択」・「拒否」が変動しやすいため注意を要する。

　これまで述べたように，園生活の開始期から修了に至るまでの生活の流れとして，「群れ」から「集団」へと子どもたちの人間関係は発展変化する。そこでは子どもたちの集団の構造も，より組織化されていくことは明らかである。しかし，そこに保育者がどうかかわってくるかによって，その園生活集団がいつまでも保育者中心の固まり（図①）の段階にとどまっていたり，構造化はしたが，保育者がリーダーシップの位置を占めていたり（図⑥）する状況にとどまっている場合もある。それは幼児の社会性や集団を育てるという点からは，問題として検討されなければならない状況だろう。

III　グループと活動

　保育の中で「グループ」という言葉はよく使われる。園によっては「グループ活動」という言葉で活動が展開されていく場合も多い。一般的に，これまでの保育をみると「グループ」という言葉が誤解されている場合があるので，ここで改めて具体的に検討してみたいと思う。

　「グループ」という言葉は，さまざまな用いられ方をするが，保育の場では，

一般には，4人から10人くらいの子どもたちのかたまりを指していることが多い。実際には「スモール・グループ」(小集団」)という意味で使っているのである。

ある研究会で「グループという言葉を聞いたときに，子どものどんな状態を想定するか」という質問に対して，多くの保育者たちは「5，6名の子どもがリーダーを中心になかよく仕事をしている状態」と答えた。いうまでもなくこの状態は小集団としてある程度発達した状態である。保育の場では5歳児の後半でやっと成り立つといっていいだろう。

「遊びのグループ」「生活のグループ」「共同制作をするグループ」「劇をするグループ」，これらのグループ組織がクラス集団の中にさらに組織される場合がある。その場合に活動にかかわって，どのくらいの人数をどんな形で組織化するか問題である。そこで，保育の実践にかかわる「グループ」についての考え方を明確にしてみよう。

1．グループ活動の条件

保育の中での小集団―スモール・グループによるグループ活動は，いろいろな状態が考えられる。第1は，自由なグループによる，つまり，子どもの欲求に基づいて形成されたグループによっての活動であるが，その代表は遊びのグループであると言えよう。自由な遊びの時間に，子どもたちが少しずつ仲間と結びつき，そして，やがてはそれが4，5人，あるいは10人とふくらんで砂場の遊びや鬼ごっこや，あるいは積み木での遊び，あるいはおままごとを展開する。

遊びのグループの場合には自然とそのメンバーの中に力関係が生じ，遊びを考え出した子，あるいは，最初に遊び始めた子どもがリーダーシップをとって

自由なグループの代表〝遊びグループ〟

いる。そして，満足するまで遊びが展開され，やがて解散するような状態になったり，あるいは，翌日まで続いていくような状態もあったりする。こうした遊びのグループをいかに育てていくかということが大きな課題である。その遊びグループの形成のためには，遊びの「時間」や遊びの「場所」，遊びの「材料」を保障しておくことが必要になってくる。

この遊びのグループも，集団生活の経過に従って状況が変わる。一般的に遊びのグループがつくられていく人間関係は，最初は一人遊び状態が多く，やがては「並行」，「連合」，「協同」，あるいは組織的に子どもどうしが結びつく状態がひろくみられるようになってくる。

第2のグループの活動の状態は，ある課題のもとに，その課題に向かって活動する場合である。それは共同画を描くとか，協同で物を作るとか，劇をするとかいう場合である。

この課題に向かう活動においても，グループの形成は，その場で子どもの自由な意志によってグループが形成されることがあるが，そのほかに，すでにある学級内の生活のためのグループ組織を，この課題の活動組織としていく場合もある。いずれの場合にしても，この課題というものは，よほど慎重に考えないと，グループとして活動するということでメンバーの子どもが消極的になったり，あるいは，十分に活動しきれない状態になったりする例がある。たとえば共同画を描くというような場合に，2人でもなかなか協同ということは難しい。2人で組んで1枚の紙に絵を描くことを30人のクラスにやらせてみたところ，ある2人組は画用紙の真ん中に線を引いて，同じものをそれぞれが申し合わせて描いた。また，片方の子どもがリードしてしまって，片方の子どもがフォロアーの立場になり，言われたままに描いている。あるいは，片方の子どもが全く横から見ているという

協同作業の課題は，慎重に考えられなければならない。

ような場合もあった。対等な力関係で一つの絵を描き上げていくということは，子どもにとっては大変難しいことなのである。まして，大きな画用紙に5，6人の子どもで絵を描くというようなことは，描くということで失敗したらやり直しがしにくいだけに，非常に難しい課題であると言える。

協同作業を前提とする「課題」の場合には，失敗してもやり直しがきく，分業あるいは分担しやすいというようなものを選ばなければならない。たとえば，粘土で大きなものを作る。これは分業，分担，やり直しがきくから，わりあいにうまくいく。あるいは，空き箱などで大きなものを作る。大きなダンボールの箱でロボットを作っていくというような場合には，分業，あるいは別なところを分担してやるという活動が可能なので協同が成り立ちやすい。

遊びでは，積み木遊びや砂場遊びが協同活動として発展しやすい。これも分業，分担，やり直し，そしてアイディアによっては別なものへ発展していくという可能性があるからで，特に計画的に課題を選出してグループで活動させようとする場合には，よほどこの課題を慎重に検討して選んで，子どもがやりやすいものを与えていかなければ何の意味もないと言えるのである。

第3に生活グループについて考えてみよう。一つの学級という集団の中に，さらに生活のための小さな集団をつくっていくという場合に，日常からグループを形成しておくことがある。これを「生活グループ」と言っておく。この「生活グループ」を組織しておくということは，すでに述べた子どもの自治的な集団生活を育てていくということでは非常に意味のあることである。ただし，この生活グループの作り方が問題なのである。

「生活グループ」では，あくまでも子どもたちにとっていごこちがよく，そして，お互いにふれあい，ぶ

生活グループは，子どもが自信をもって生活していくための手がかりである。

つかり合い，認め合いがあるような人間関係が成り立っており，どんな子どもでも，そのグループの中では自信を持って生活していけるように条件が整えられなければならない。とかくすると，「生活グループ」を「管理のための集団」づくりとしてしまうことがある。そして，グループの中核に，保育者が信頼し，高く評価している子どもを配置する。これはグループの中の力関係が決定的なものになってしまい，最初からフォロアーの立場にある子どもは，いつも下積みの行動を強いられるというような状態ができてしまう。これはすべての子どもが自信を持って生活をしていくということにとってはマイナスである。

「生活グループ」は，その学級の中でどんな子どもも自信をもって生活していくための一つの手がかりとして考えられなければならないのである。ある場合はけんかをし，ある場合は人のめんどうをみるというようなことがあっても，お互いに認め合い助け合っていくという民主的なグループ生活を子どもが体験していき，そして，どんな消極的な子どもでも自信を持っていくようになるために生活グループがあるということを考えていくことが大切なのである。

同年齢児によるグループ活動の場合に，自由な子どもの意志によるグループの形成，そして活動によってメンバーが変わっていくグループの編成の仕方と，それから，保育者の計画的な目的によってグループを編成する場合とがある。また年少と年長と年齢差を混ぜ合わせた「たて割りグループ」という場合もある。いずれにせよ，そのグループの中での力関係というものについて，保育者はしっかりと観察の目を向けていかないと，グループの中でつぶされてしまう子どもが出てきてしまう恐れがある。これはあくまでも避けなければならない。

２．グループ活動での「立場」「役割」

幼稚園や保育所での生活の中でグループ活動は，子ども一人一人の自立，そして，一人一人の子どもの人とかかわる力を育てるためにあると考えていくことが大切である。とかくするとグループ活動そのものが，ただうまく展開されればよいと考えてしまう危険性を持つ。その危険をさけるためにも，グループ活動が展開されている中で，子どもたちの力関係がどのような状態になっているかしっかり観察し，点検しておくことが必要なことなのである。

(1) リーダーとフォロアー

グループの力関係で，まず問題にしなければならないのは「リーダー」と「フォロアー」の関係である。このリーダー（先導する者）とフォロアー（従う者）はたての人間関係であるが，保育の場ではつぎの２つのタイプが考えられる。

第１は，保育者が教育的・意図的・計画的な配慮で（フォーマルに）特定の子どもをリーダーに指名する場合である。そして，これをいわゆる「リーダーさん」とか「お当番」「係」とよんでいる場合がある。年長と年少児を混ぜ合わせた「たて割り」保育も，年長児にリーダーとしての役割を果たすことを要求している場合がある。

遊びの中で生まれるリーダーとフォロアー

第２のリーダーは，子どもたちの自由な活動の場，遊びのかかわりの中で子どもたち相互の了解のもとに生まれるもの（インフォーマル・リーダー）である。このリーダーは子どもたちの自然な力関係の中に位置づいているものである。場合によっては，その力関係がたて（上下）関係として強烈となり，特定の子どもが乱暴な言動や強圧的態度で君臨する状況になり，フォロアーが絶対服従的状況になったりするときもある。その特定の子どもを「ボス」的存在ということがある。

このように，子どものリーダーについては２つのタイプが考えられるが，いずれにおいても子どもの力関係をたて関係として固定し，その集団内での位置づけが一人の子どものパーソナリティーにマイナスの影響を与える側面があることを十分考慮しながら指導しなければならない。

ここで「リーダー」と「リーダーシップ」について，さらに詳しく学習しておく必要があるだろう。まず「リーダーシップ」の定義と「リーダーシップ成立の必要条件」をまとめてみると，つぎのようになる。

リーダーシップというものは，本来外側から与えられる立場ではない。まずは一つの集団のメンバーとして立場が確立されていることが前提になる。子ど

もの遊びの集団としては，遊び仲間として認められていることが必要なのである。そのメンバーの一人が特に集団の活動を方向づけたり，活動の仕方を引き出す意見を持ち，メンバーもそれを認めているときに，その一人のメンバーをリーダーというし，その個性をリーダーシップを持っているという。ここで特に大切なのは，まわりのメンバー，つまり仲間から認められていることである。

そこで，まわりから認められるリーダーシップというものは，どのような仲間とのかかわり方によって成り立つのかを考えておく必要がある。

① 集団の仲間としての意識を持ち行動をとれる。
② 集団の仲間のあこがれの思考力や行動力を持っている。遊び方がとてもうまい子どもの場合これに当たるだろう。
③ 集団の仲間の考えていること，望んでいること，いやがっていることなどに対して理解できること，したがってただ支配的な態度をとる場合は，リーダーシップとはいえない。
④ 集団の状態を把握して，仲間の気持ちなどを見抜き，集団としての活動を方向づけていく判断力と実践力を持っている。活動がゆきづまった時に，問題状況を把握し新しい提案ができる。遊びの集団の場合に，一つの遊びにあきたときに，新しい遊びに発展させたり転換させたりするきっかけをつくったり提案をしたりする子どもである。
⑤ 性格的に明るく，どの仲間とも温かいかかわりを持つことができる。また集団としての雰囲気を盛りあげる持ち味があり心配りもする。

幼児の遊びの集団に認められるリーダーシップは，これらすべての条件が備わっているとはいえないし，程度もさまざまであるが，リーダーシップの条件としては，大人の場合と共通しているといえよう。

この一般的な集団におけるリーダーとリーダーシップについての枠組を，幼児期の子どもたちの集団と人間関係にあてはめて考えてみると，表面的・形式的に程度・状態こそ違いはあるが，遊びにおけるリーダーには，上述の条件がみられる。具体的には，①その遊具や遊び場を一番先に占有した，②遊びを提案した，③体が大きい，④はっきり自己主張をする，⑤性格が明るく好感がもたれる，⑥技能的にすぐれている，⑦遊びを発展させるアイディアが豊か，など，これらの条件が遊びのグループのリーダーを決定しているようである。保

育の場(園生活)において、遊びの集団の中に自然に生まれたリーダーシップは認めてもいいが、保育者が意図的に特定な子どもにリーダーシップを育てるように指導することは、保育という働きかけにおいては望ましくない。遊びにおける子どもたちの力関係は、その時々の過程の状態として観察し、把握しておくことは必要であるが、しかしそれを保育の目標として考えることは疑問である。子どもの集団生活において、すなわち保育の場では、できるだけたての力関係でなく、横の力関係として育てていくことを考えていくべきだろう。それこそが一人一人の子ども、どの子どもにも集団の中で自信をもって生活する行動力を育てることを目指す保育なのである。

(2) 立場・役割について

砂場に数人の子どもが遊んでいる。遠くからそれをながめていると、いかにもグループで遊んでいるように見えるけれども、近づいてみると、子どもたちは同じような場所で遊んではいても、互いにかかわりがない。それぞれの子どもが自分勝手に山を作ったり、おだんごを作って遊んでいるという状態なのである。この場合にはグループで遊びが展開しているように見えていて、実は仲間意識あるいは仲間とのかかわりは全くないのである。遊びの状態、人間関係のうえから言えば、並行状態である。そこではまだ、かかわりの中に生ずる「立場」や「役割」はほとんど発生していないと言える。

さらにしばらくすると、子どもたちがにぎやかに砂場で「いらっしゃい、いらっしゃい」と叫び出す。それぞれがプリンカップを使ったケーキを砂場のヘリに並べて売っている。この状態では、お互いに隣り合って雰囲気としてはいかにも仲間と遊んでいるような感じである。しかしながらこれもよく観察してみると、その雰囲気の中で、そして、お互いにやっていることの中から知恵を借り、つまり、情報を得ながら遊びを進めているけれども、まだだれが売る方になり、だれが買う方になるというような「立場」や「役割」が分化し、かかわり合っているという状態ではないことがわかる。つまり、一見お店屋さんごっこのようには見えるけれども、子どもたちは相互にあまりかかわりなく、「いらっしゃい、いらっしゃい」と自分自分で勝手に言っている状態なのである。

今度はおだんご屋さんが始まった。そして、そこに買いに来る子どもたちが現れた。それは別なところでおままごとをしていた子どもたちが、そのおだん

ごを買いに来たのである。「ちょうだい」,「ありがとうございます」というようなやりとりが展開され,はっぱのお金で品物を買っていく。この場合には仲間の意識が完全に生まれたということが言える。そして,遊びの中での「役割」あるいは「立場」の違いが出てくる。

　また,砂場で大きな高い山が作られ,片方ではそのそばには深い穴が掘られている。水を運んでくる子どもがいる。板切れを見つけてくる子どもがいる。そして,はだしになって和気あいあいにやっている。いよいよ帰る時間がきて集まるときに,子どもたちの中から自然と「せんせい,こわさないでこのままにしておいて」という言葉が出てくる。あしたも続けてやろうというような気持ちが子どもたちの間にある。保育室に戻っても,「おもしろかったよな」というような仲間どうしの会話がある。この場合には,完全に仲間意識,そして,あしたもまた一緒に続けようという共通目標がそこにできていることがうかがえる。しかもその中には,中心的になっている子どもがいる。そして,かれはつぎつぎにアイディアを出していく。それをみんなが認めていく。また別な子どもが川を延ばそうとか広げていこうと言い出したときに,それは認められていく。つまり,リーダーはいるけれども,相互に認め合って,そして,自分自分でその役割を意識して活動している。

　こうして一つの砂場という場面を,ある長い時間の中でとらえていくと,子どもたちの遊びの中に一人で,あるいは何とはなしに影響し合っているような状態から,完全に役割を持って,しかも継続的に仲間意識まで持って遊ぶ状態を観察することができるようになる。

　このような事例の中でも,グループの中の子ども相互の力関係,かかわり方というものが,いかに多様に変化してくるかということを知ることができる。園生活の中で,あらゆる場面で子どもたちは,そこにお互いのかかわりを感じ仲間意識を持ったり,自分がやらなければならないという責任の意識を持ったり,努力したりすることもあるが,これらが遊びを中心として展開されるところに意味があるのであり,したがって,それがあくまでも子ども自身の興味と欲求に基づいて行われるというところに価値があるのである。

(3) 「ボス」的存在への目

　一方,これらの子どもたちの動きを観察し,そして,指導していくときに気

をつけなければならないことは，子どもの間には意外にも厳しい力関係があるということである。親もそのつもりで育て，子ども自身もそのつもりになってリーダーシップをとっていこうとする子どもがいる。時にはそれが強引になり，ボスがかった考え方と行動を示す子どもも現実にいるのである。それまでの生育史の関係から何でも自分の意のままになると思い込んでいる子どももいる。そしてまた，それまでの生育史とその子どもの性格から，そういう力のある子どもに常に文句なく従ったり，あるいは，自分の思ったことも言えなくて，じっとこらえ，がまんし，耐えている子どももいる。

このような子どもたちの力関係に対する指導として，まずこのボス的な子どもには，それは本当はリーダーシップではないのであると認識させる必要がある。そして，まわりの子どもたちには，自分たちの仲間としてそういうボス的なことを許してしまっているということは，まずいのだと感じさせていかなければならない。いやなことは「いや」と言うことが大事であることを，特にフォロアーの立場にある子どもにはっきり意識させ，そして，具体的に行動化させるような援助が必要である。

たとえば，アキラは常にあだ名で呼ばれ，悪口を言われていた。保育者はそれをじっと見ていて，問題化する機会を待っていた。ある日ボス的なタケシがまわりの子どもたちにブタの絵を描かせ，アキラのかおだと言ったときに，いよいよ機会がきたと判断し，子どもたちを集め，「そういわれていい気持ちなのか」，「いい気持ちじゃない，ぼくはいやなんだ」。「それならばはっきり，いやと言いなさい」と言って子どもたちに問題を提起し，それが仲間にすることなのかどうか，子どもたちに問いかけていった。子どもたちの中にやっとアキラの気持ちが通じ始めた。

このようなことを，「ボス退治の事例」と言っているが，保育者自身がリーダーシップというものについて正しい理解をしていないと，実は，保育者自身がボス的な子どもを育て上げてしまう恐れも出てくる。

グループ編成においても，リーダーシップを特定の子どもにおいてだけ育て上げるというのではなく，どんな子どもも自信を持って集団の中で生活できるようにする必要がある。したがって，グループ内の力関係を定着させてしまわない配慮が大切なのである。

子どもの力関係には、いつも
目配りをしておく必要がある。

そのために、力が同じような強さの子どもで一つのグループを編成するようなこともあってもいいだろう。いつも認められない立場になってしまうような子どもを別なグループに入れ、自分から進んで行動するような状況におくことも必要な場合もある。行動の仕方の似ている子どもを集めたグループの編成をしている事例もある。この場合のねらいは、あくまでも認められない立場の子どもをつくらない。そして、積極型の子どもにはお互いに相手を認めるということを知る機会・経験を大切にしているということである。

いずれにしても、グループ内の子どもたちの力関係を保育者がよく観察し、一人でもその力関係の中で、つぶされてしまい、自分を表面に表すことができなく、自信をなくしてしまうような子どもがないようにする配慮や援助が大切なことなのである。

Ⅳ 「人とのかかわりの育ち」と言葉

　領域の上では「人間関係」と「言葉」という子どもの育ちへの視野となっているが、言葉の本質的機能として「コミュニケーション」ということが考えられる点から、領域「人間関係」を「言葉」の育ちの視野に重ねて考えることが特に重要である。

1．意思表現の環境

　園生活という集団の中に参加したばかりの子どもの状態は，意思の表現あるいは伝達ということも，ままならない状態であることはこれまでも述べてきた。したがって，集団生活の初期的な段階では，子どもが不安や緊張を感じず，自由に自分の思ったこと，自分の要求を言葉に出せるということが重要な課題となってくる。そのためには，子どもがまず発言しやすいような心理状態にしてやることが大事であるし，その心理状態のためには，環境の構成として保育者の子どもへのふれあいということが，大切な要因となってくるのである。そしてまず，先生は自分の言うことを「聞いてくれる人なんだ」あるいは「間違って言ってもおかしくないんだ」というようなことを，子どもが感じるようにしむけていくことが大切である。

2．集団の一員として話を聞く環境

　子どもたちは，クラスあるいは園全体の集会で，先生の話を聞くという経験をする。ところが，はじめはみんなと一緒に話を聞くということが，なかなかうまくいかない。すると保育者はとかくすると，その聞けないということを，ただお行儀が悪い子ども，あるいは落ち着かない子どもと評価してしまうことがある。しかし，その評価の前に，保育者として考えなければならないのは，子どもにとって集団の中で話を聞くというのは，園生活に入って初めての体験であるということである。つまり，それまでの家庭生活においては，ほとんど母親と一対一か，せいぜい両親ときょうだいという非常に少人数の場の中で，しかも相手は自分の方に顔を向け，自分に声がかけられているんだということがわかりやすい状況において，話しかけられてきた。ところが園生活においては，先生の目は必ずしも自分の方に向けられていない。にもかかわらず話を聞いていることが必要なのである。

　クラスで集会をするときに，よく半円型や馬蹄型に椅子を並べて，保育者がその中心に座り，そして全部の子どもたちが見渡せるような状態で話をする場合がある。これは一人の保育者が多くの子どもの一人一人との間に，なるべくつながりを持ちながら話そうとしている形態である。しかしそういう形態をと

ったとしても，個々の子どもからすれば，先生はなかなか自分の方に向いてくれない。自分の方を向かない先生の話を，みんなと一緒に聞くということは，子どもにとっては初めての経験であり，聞く態度ができていないのは当然といえよう。

　そこで保育者は，話の途中で歌をうたわせたり，手を動かす遊びをさせたりして気を引こうとする。しかし，より大切なことは，話をいかに面白く聞かせるかということであり，保育者の方に思わず顔を向けて話を聞き込んでいくような語りかけをすることである。

　入園したてのときによく紙芝居をする。これは，実はただ紙芝居が面白いからやるのではなくて，紙芝居というものを通して，みんなと一緒にある一点に注意を集中していくという経験をさせるという意味があるのである。また保育者がマスコットのお人形を手に持ち，人形を使いながらお話をするのも，みんなの中で一点に注意を集中してお話を聞かせるための，一つの手がかりである。集団の一員として，話をきちんと聞き取ることは，子どもにとって決して簡単なことではないということを，保育者はいつも考えておく必要がある。

3．みんなの前で，意思・考えを言葉で表現すること

　幼児にとって，自らの意思を表現するとき，特に自分の好きなときに自由に自分の言葉で言うことは，比較的容易である。つまり，欲求をただ伝えること，表現すること，「お水が飲みたい」，「あれが欲しい」，こういうことを自由に言うことは，わりあい言いやすい。しかし，「何々はどうなっているのだ」という説明をすることは非常に難しい。ましてそれがみんなの前で説明するということになると大変難しい。心理的にまず抵抗感が大きい。

　よく園生活において「生活発　　　機会をつくれば，子どもはとてもよく話す。

表」というプログラムで，みんなの前でいきなり発表させる保育者もいるが，これはいいやり方ではない。みんなの前で自分の思ったことを言う前に，もう少し少人数の中で自分の意思を表現できるような機会をつくってやることが必要である。

　一緒にお弁当を食べながら，子どもとテーブルを囲んで話し合ってみると，意外に子どもはよくしゃべる。あるいは庭のコーナーで子どもたちと話し合うと大変よくしゃべる。少人数で話し合うことの経験の方を，クラス全体の前で話す経験よりも先行させることが大事なことであろう。みんなの前で話す，特にクラス全体の前で話すときには，先生の支えをかなり必要とし，それを軸としながら，そして単純なこと，子どもが感動したものから取り上げていかないとうまくいかない。ただ形の上だけで，みんなの前で報告するような話させ方は，あまり意味がないのである。

4．相手の話を聞くこと

　人のかかわりの中で，相手がどのように考えているか，どんなことを感じているか，ということを理解することは大切であるが，これは相手がどのようなことを自分に伝えようとしているか，ということを理解することにつながる。これはなかなか難しいことである。先生はどんなことを言っているのだろうか，あるいは友達は，いま何を言おうとしているのだろうか，ということを聞くことは，やはり生活の中で，経験の上でなれていかなければならないことである。

　「聞く」ということは，頭の中に相手が言っていることについて，イメージを広げることであり，また，筋道を立ててそれを整理する思考力が働かなければならない。したがって「話す」，あるいは「聞く」ということは，言葉と思考力とが直結していることを，改めてここで考えなければならないのである。

5．意見・欲求のぶつかり合いの体験

　集団の生活も進み，群れの状態からやがてふれあい，結びつき，もみ合い，そしてしっかりとしたきずなを持つような状態に発展していく過程の中で，よく意見のぶつかり合いという場面を，子どもなりに体験する。まだ十分に集団

として育っていない場合，あるいは，一人一人の子どもの中に社会性が十分に育っていない場合には，それがけんかになってしまう場合も多い。集団としてある程度のまとまりができてきた場合，すぐにぶつかり合いが生じ，しばらくもみ合ったあげく，子どもから「それじゃこうしたらいいんじゃない」というような言葉が出てくる場合がある。この「それじゃこうすればいいんじゃない」は非常に重要で，２つの意見の対立の中で，解決の道を考えた末に提案した言葉といえる。このような言葉が出てきたときに，それを保育者がうまくとらえ，その発言のもつ意味は「大変すばらしい」ことであると認めてやれば，子どもたちは，自分の考えたこと，発言したことの価値を自覚することができるのである。たとえば，ある子どもは飛行機の絵を描きたい，別の子どもは他のものを描きたいということでもめている。そして，それをそばで聞いていた３番目の子どもが，「それじゃこういうふうにしたらいいんじゃないか」という提案をしたとする。あるいは，その当事者どうしの間でちょっと考えて，「それじゃこうしようか」と言った場合があったとする。それは第３の道を見出したことであり，それを言葉に表したということで，大事な解決の道を開いた言葉，つまり，社会性言語として大切な「カギになる言葉」だということができる。そして単に言葉の使い方の問題ではなく，友達とかかわる気持ちと考える力の育ちが土台にあることを忘れてはならないのである。

６．「話し合い」の難しさ

園生活の中でも，子どもたちによく「話し合い」をさせるが，それは非常に難しいことである。つまり，すでに述べたように，自分の考えをきちっと表現し，そして相手の言うことを正確に聞き，解決の仕方を考えていくことが必要になってくる。それをみんなができなければならない。話し合いは「集団思考」を必要とする。したがって，話し合いで解決することは幼児にとって困難なことである。ボス的な子どもや，保育者の取りまとめによってまとめてしまったという場合には，子どもたちの「話し合い」によるまとまりとはならない。グループ活動をうまくやらせようとして，「話し合いをする」とカリキュラムに組み込むことが多いが，この場合，本当にそのことについて，話し合いということが可能なのかどうかを考えてみる必要があろう。ことに年齢の小さい子ども

の場合には,「話し合い」ということは大変難しい。そのために,まず先生と話し合うということを十分に経験しておかないといけない。また,具体的に非常に簡単な事柄について「話し合う」という体験を積み重ねたうえでないと,難しい問題を話し合いで決めていくことは,困難である。

7. 説明・情報交換の言葉

　子どもなりに,いつ,どこで,何が,どうだった,というようなことを,お互いに知らせ合うこともある。「だれちゃんがこんなことをしたんだよ」とか,あるいは,「いい虫見つけたんだよ」というような情報交換の言葉が飛び交う。これも実は集団の中の大事な言語の働きであり,どんなことについて子どもが情報交換しているかということも,われわれは観察することを怠ってはいけない。特にそれを情報交換の言葉として,ただ冷静に,いつ,何が,どこで,どのようだったか,ということだけではなくて,子どもがどんなものに心を動かしているかということが,つけ加えられているということを考えなければならない。子どもの感動性,そして,それに伴う思考,それを表現する言葉を,集団生活の中で大切にしていく必要がある。

8. 言葉の習慣化

　「おはようございます」,「こんにちは」,「ありがとう」,「いただきます」,「おやすみなさい」,これらは生活に伴って習慣化されていく言葉である。こうした言葉は,その生活の中での「生活感情」や心＝気持ちの表現を目指している。ただ,上辺だけの形式的な言葉の習慣づけには疑問があるけれども,しかし,一方こういう言葉が身について言えるということも,大事なことなのである。言語的な習慣の指導は,心を込めた習慣化を目指すことが必要であろう。

　たとえば,朝の「おはようございます」という言葉も,「それでは　みなさんごいっしょに　せんせいおはようございます　みなさんおはようございますとうばんおはようございます」とただ形式的に毎朝決まり切った言葉を言わせていくのか,それとも,その日その日の子どもの状況を見ながら,本当に心を込めて,「おはようございます」と言うことを大切にするのか,これはちょっとしたことでも,大きな本質的な違いとなっていく。やたらに「ありがとう」と

言わせる幼稚園がある。何を配ってもすぐに「ありがとう」「ありがとう」と言わせる指導をする保育者がいる。この場合もへたをすると，心がこもらない，ただ形式的な「ありがとう」に陥る危険性がある。

　なお，友達とのかかわりが進むにつれ，友達に対して言ってはいけないことがあるということに気がつき，それが身につくことも大切なことである。たとえば，相手が嫌がっているあだ名を言うことや，身体的なことで嫌なことを言うこと，差別的な言葉を言うことなどについては，その時々，その場において，子どもが理解できるように指導することは必要である。

第 5 章

「人間関係」の育ちにかかわる実践的な問題点

I　保育者と子どものかかわり

　それぞれの家庭において，父や母と子という人間関係の中で生活してきた子どもにとっては，幼稚園や保育所での新たな人間関係のあり方は，相手が信頼でき，その生活が楽しいものであるか，不安や緊張を感ずることなく活動できるかどうかにかかわる大きな問題なのである。ここで特に保育者と子どものかかわりについて考えてみることにしよう。

1．共同生活者としての保育者

　いうまでもなく，保育の場すなわち幼稚園や保育所は，「保育」という目的なり機能を果たすために，保育者が意図的に作った（機能的な）集団である。したがって，そこでは，一人一人の子どもが人間として育つということについての確たる信念，つまり子ども観とか人間観が保育者には要求される。この信念に基づいて保育していく＝子どもへ働きかけていくのであるが，ここで保育者が子どもに対して，どのような姿勢をとるかが問題となる。

　保育者と子どもとが，社会関係としては，たての関係に位置づけられるとしても，保育者は子どもと「共に」生活している共同生活者という姿勢を保つことが何より大切である。保育の場でよく聞かれる「子どもと同じ目の高さで接しなさい」という助言は，この姿勢の一つのあらわれである。子どもと同じレ

ベルで喜び，悲しみ，感動できる保育者でありたい。

　保育者の子どもへの働きかけにおいては，保育者が一方的に指示を与えるのではなく，子どもがそれにどう反応・対応するかを見究めること，かれらの欲求，つまり興味や関心，要求などを受けとめることといったような，相互的コミュニケーション関係をつくる必要がある。このためには，まず保育者が自分の考えていることを強引に子どもに理解させようとする姿勢を持たないことであり，特に，計画したことを子どもの反応を無視して実践する姿勢は，避けなければならない。子どもが理解しやすいようなペースで語りかけるとか，表情を豊かにするとか，質問・意見が誰でも出せる内容の教材を用意したり，雰囲気をつくるといった状況設定に留意することが大切なのである。

　また，直接的な子どもたちとのふれあいや，一人一人とのかかわりを保つことも重要である。計画した保育目標達成をあせるあまり，とかく子どもたちとの人間的なかかわりを忘れがちになる。保育者という立場をこえて，一人の人間として子どもに接していきたい。子どもが，そして保育者が，自分の目で見，耳で聞き，口で話せるような直接的な接触，一対一の人間関係として全人格的なふれあいを求めたい。これこそ，保育のための望ましい人間関係をつくる基礎である。

　園生活での子どもの活動は，クラスという枠をこえた園全体にわたるものであり，保育者も，その保育活動の対象をすべての園児とすべきである。子ども一人一人は，保育者全員から働きかけを受ける体制が整えられることが望ましいのである。園児が一体視する対象は，担当保育者だけではないのである。「クラス解体」の保育，「たて関係」を大切にする保育，「オープン」保育などという試みが多くみられることからも，この点が重視されているということがわかる。

2．「けんか」への対応

　子どもたちが園生活のなかで当面した問題，とりわけ子どもどうしの問題は，かれら自身で解決させるようにしたい。この点で「けんか」に対して保育者がどのような対応をすべきであろうか。遊びでのトラブル（約束を守らない，自分勝手な振舞いをするなど）からけんかに発展するケースも多いが，そのとき保育

者がすぐ手を出し，互いにあやまらせることをしてしまったことがある。それは子どもを育てることにはならない。たとえば，ルール違反によるトラブルの場合，集団生活にルールが必要な理由をかれらに考えさせることである。この際，保育者は園児に，ルールを守ることのみ要求しがちであるが，そのルールが理に適っているか，また，その場での状況からルール＝「お約束」によってのみ判断していいものかどうかを検討することが大切である。また，子

あそびのトラブルからケンカに発展するケースは多い。

どもたちが話し合うことも欠かせない。ルールに対する違反行為として批判され，叱られるという子どもの立場をつくるよりも，仲間の非を主張できる勇気と態度を持つことの難しさと尊さを教えるとともに，その勇気を仲間が認めるよう助言する。一方，批判を受けた場合には，素直にそれを受けとめる態度を教えたい。

3．はみ出し行動の検討

　保育生活は集団のなかでの生活であるから，集団から「はみ出す」，みんなに「ついていけない」子どもの行動の問題が当然でてくる。その事態をわれわれは，それぞれの子どもの生活歴や家族生活（家庭的背景），性格・能力などの個人的問題としてとらえると同時に，保育者自身（子どもへの働きかけ）の問題として自問してみる必要があろう。「はみ出す」のはどの保育場面か，保育者が意図的に設定した場（たとえばクラス）からなのか，あるいは子どもが自らの意志で参加している場でも同様なのか，子どもの欲求（要求）が十分に満たされるような状況設定がなされているかどうか，なぜ子どもが「はみ出さざるを得ないか」の検討が大切であろう。そして，果たしてその「はみ出し」がほんとうにその子どもの成長・発達にとってマイナスであるのかを考えなければならない。

たとえ，みんなに「ついていけない」ように見えても，その子なりの努力と独自のペースでの育ちがあるならば，それを認め評価する態度が保育者には不可欠である。「はみ出す」，「ついていけない」ということについては，時と場と子どもの行動（要求）との関係をなるべく正確に把握し，一定の枠内（保育者側から考えた子ども像や子どもの成長に対する観かたなど）でのみ，不用意に子どもをとらえ，評価することは絶対に避けなければならない。

　「はみ出し」とか，「ついていけない」という言葉で，子どもの行動が問題化される場合には，この言葉にいい表される視点には，どうしても，集団中心主義的傾向をもつ危険性が存する。そして，集団中心主義的傾向は，保育者と子どもの人間関係を「支配」と「服従」という，たて関係としてのみに限定してしまうだろう。その場合に，保育者の「支配」的思考と行動の中から生ずる「被支配」的立場にある子どもへの要求，つまり指導計画では，「目標」とか「ねらい」というものが，絶対的な到達目標になりがちであり，「はみ出し」とか，「ついていけない」子どもの行動は，保育者の要求に対応できない「問題児」という視点で観られ，評価を受ける危険性がある。

　「支配者」となってしまった保育者は，子どもたちに集団のメンバーとして「望ましい」行動をとることを要求する。それは，その集団のルールとして子どもの行動を拘束することもある。それでなくても，集団はそれ自体まとまっていくために，「集団としての行動基準」のようなものを生み出す。いつの間にか一つの園なり，クラスという集団に「集団行動基準」のようなものが生じる。子どもたちは，その行動基準にそって行動することによって，メンバーとしての意識を持つこともある。しかし，一方で，それに順応できない子どもが「はみ出し」とか，「ついていけない」として問題化される場合も多い。そこで，われわれは果たして「集団行動基準」のようなものが，どんな質のものであるのか，それがほんとうに子どもの発達のために意味をもっているのか，厳しく検討しなければならないと思う。

　場合によっては「はみ出し」や「ついていけない」子どもの行動そのものが，保育者と子どもの関係，あるいは，子どもと子どもという人間関係の問題性，そしてさらに「指導」そのものに赤信号を点じているのかも知れない。子どもにとって保育者が「支配者」として存在する実感が強くある状況や，子どもが

「服従」を望ましい行動として受けとる状況は，人とのかかわりの育ちに役立つ状態ではない。保育者の「リーダーシップ」は，その基盤に，子どもと共に生活する「共同生活者」としての姿勢を必要とする。その「リーダーシップ」のもとに，子どもたちとの間に，「信頼関係」が成立するのであり，「信頼関係」こそ人間としての集団生活の中で最も大切な関係といえよう。

さいごに，保育の場としての生活を通して，子どもが育つとともに保育者も育たなければならない。保育活動のなかで，保育者として熟練を積むとともに，人を愛することの難しさと尊さ，真面目に努めることの大切さを，日々の子どもとの接触を通して学び，人間としても成長していくのである。保育者と子どもの関係は，まさしく「共に育ち合う」関係にあるといえる。

II 「型はめ」になる指導の誤り

1．「人とのかかわり」と「社交性」

「人とかかわることの育ち」と「社交性」とは質が違う。これがよく間違えられる。つまり，表面的にただ人づきあいのいい子どもに育てようとしてしまうことが多いからである。たとえば"お返事"をはっきりすること，"おじぎ"をちゃんとすること，"ごあいさつ"をきちんとすること，こういうことだけを表面的にできることは，社交的な子どもではある。しかし，本当の意味でこれが「人とのかかわり」であるのかどうかということは疑問なのである。しかし，とかくすると私たちの指導は，この表面的な社交性を育てることに陥りやすい。われわれは，これを絶対に避けて，本当の「人とのかかわり」とは何かということを考えながら指導していかなければならない。

2．「いい子」と「なかよし」

その例の一つが，「いい子」と「なかよし」の問題である。幼稚園の現場でよく言われる言葉に，「いつもにこにこいい子」とか，「だれとでもなかよし」と

いうような言葉がある。このようなことが一つの幼稚園の理想的な子ども像として，額の中に掲げられている場合もある。一体，この「いい子」というのは，どんな子どもをいうのであろうか。これをよく考えてみると，案外漠然としている。そして，しかも大体，そのいい子の人間像というものは，大人にとって都合がいい子と言ったらいいだろう。たとえば，お客さんが来たときにはお行儀がいい。何はともあれ，「はい」とお返事ができる。こういうような，どちらかというと大人にとって扱いやすい子ども像が「いい子」という言葉に当てはまってくるような気がしてならない。

　「なかよし」というのも同じようなことである。これは実は子どもにとって大変大事な問題であると同時に，難しい問題なのである。なかよしということが本当に子どもに分かっていくためには，経験を通していかなければならない。子どもが理解する道筋があり，その途中ではけんかもあり，いじわるも経験するだろう。けんかやいじわる，その経験を経て本当の友達の存在を知っていく。そして仲間との本当の思いやりの心が育ってくる。こうした習得過程を重視することが必要なのであるが，ややもすると"いい子"とか"なかよし"という決まりきった像を考え，その型にはめようとする保育を考える保育者は，正しい意味での社会性を育てるということを忘れてしまって，ただ表面的なまとまりのいい子どもを育てようとする危険性を持っている。

　領域「人間関係」は，決してある人間像の型に子どもをはめ込むことではない。子どもたちがもみ合い，ぶつかり合い，そして，いろいろな問題を乗り越えながら，よりよく仲間とのかかわりを持ちながら生きていくためには，どうすればいいかということを，しっかりと認識していけるような道筋を，保育者はたえず考えなければならないのである。

III　基本的習慣形成としつけ
──生活指導の問題──

　領域「人間関係」では，「社会生活における望ましい習慣や態度を身につける」ことをねらいとしている。そして，とかくすると，内容が生活指導やしつけと

いう狭い意味で考えられてしまう恐れがある。そして，その場合には，やたらに「お約束」を多く口にする指導になってしまう危険性がある。

　まず，ここで「しつけ」という言葉を考えてみることにしよう。「しつけ」という言葉は，日本的な言葉と言える。そして，従来の「しつけ」には，まずそれが身についていないと他人に笑われるから，ちゃんとしておかなければいけないという，「恥をかくから」という発想が非常に強かった。しつけの中心である基本的習慣の習得についてみると，まずそれは食事や排泄，睡眠，清潔，衣服の着脱というようなことが，一人でできるということを考える。この基本的習慣の自立についても，ただそれができないと人に笑われるからというのではなくて，基本的習慣は，人間として生きるための必要な基礎的行動として考えられなければならないものであり，従来考えられてきた，他人に笑われるから身につけなければいけないというような意味のしつけとして指導されるべきものではない。領域「人間関係」では，従来の意味での「しつけ」という言葉は，なくなってもいいのではないかと考えてみる必要がある。

　「生活指導」という言葉は，幼稚園あるいは保育所の世界ではあまり使われていないけれども，そのかわり，幼稚園，保育所では，やたらと「お約束」を連発する保育者が多い。「お約束」は園生活での法律づくりであるといってもよい。それはある子どものちょっとしたはみ出し行動も，そのお約束したことに対しての違反行為として，反社会的・非社会的行動として取り締まられるというような指導をしてしまいがちである。

　「きのうお約束したのに，なぜ守れないの」というようなしかり方をし，その時の状況によって，どうしてそんな行動をとったのか，というようなことは考慮されない。「これは大切な

基本的生活習慣は，生きるための基礎的行動と考えられねばならない。

ことだから，みんなで気をつけよう」というような判断の規準と子どもがとった行動とのかかわりの中で，その場でより深く考えさせていくというような指導ではなくて，お約束をしたのになぜ守らないのかという，いわば法律に基づいてそれを取り締まることが指導であると思いこんでいる。こうした指導では，子どもたちにとって生活に必要な行動についての本当の理解ができないのである。

Ⅳ 「自治的集団」としての育ちか，「管理のための集団」づくりか

　このことについては，先にも触れておいたが，これは園生活における人とのかかわりの育ちについて，特に集団性，集団化の問題として，しっかり考えておかなければならないことである。
　クラスあるいはクラスの中の生活グループを育てる場合に，一人一人の子どもたちの人とのかかわりが本当に育つように集団を形成し，発展させていくと考えているのか，それとも，保育者がクラスを指導管理していくのに便利だから，おとなしくまとめやすくなるように育てようとしているのかでは，それは目的が違うことなのである。
　前者の場合，自分のことは自分でするという自立にはじまって，やがて自分たちのことは自分たちでしようと，子どもなりにささやかな失敗を繰り返しながらも，何とか自分たちで問題を解決していこうとすること，つまり，子どもの集団なりに自治性が育ってくるというような変化の過程をたどる。そして個人としての自立，集団としての自立に伴って，自分たちのことは自分たちで考え合うようになる。一人一人の子どもの中に，自分はいま，みんなとのかかわりの中でどうすればいいかという考え方と行動，つまり，セルフコントロール（自律心）が育ってくるのである。
　一方，保育者の管理しやすいように集団を育てることは，むしろ，手間のかかるような目ざわりな子どもをいかに抑えてしまうか，といった指導を生むことになる。そして，いたずらっ子や手のかかる子どもに対しては，保育者が高

く評価する「いい子」をモデルとして見習うことが要求される。子どもたちは保育者の手下としてまとめられる。このような保育者が管理していくためにまとめやすい集団をつくろうという姿勢を「管理集団」づくりということができよう。このような、子どもたちが保育者に管理されるための集団は、保育者主導型となる。そこで、当然そういう集団は、すでに述べたように、管理のための「お約束」が多くなる。「何々を守りましょう」といろいろな幼児集団の法律が決まり、そして、それを守りながらまとまっていけることがいい子として第一に要求される。その結果、子どもの集団生活への対応は、受身的な態度に陥りやすいのである。

　領域「人間関係」の視点は、子どもたちの集団的な育ちについては、管理集団に所属する子どもを育て、管理集団自体をしっかりと組織していくというような指導の方向ではなく、一人一人の子どもが本当にしっかりと育ち、そして、社会の一員としての基本的な習慣や態度を身につけていき、自分たちのことは自分たちでと、幼児なりに仲間とのかかわりを大事にし、自分たちの動きを自分たちで考えていくような、つまり、自治的な集団として育つことを支えることであると言えよう。

Ⅴ　「グループ活動」の難しさ

　子どもたちの人とのかかわりの育ちのための手がかりとして「グループづくり」と「グループ活動」がある。この場合に、グループがどういう意味で編成されているかが問題である。一般的に、子どもの希望によってグループをつくる場合と、保育者の意図によってグループをつくる場合、大きく分けるとこの2つが考えられる。

1．グループづくり

　保育者の意図によるグループ編成の場合には、保育者がそのグループの中心になる子どもをあらかじめ決めておいて、その子どもがリーダーシップをとる

ことによってグループとしてまとまることを予測して，メンバーを集めていくケースが結構多い。これは非常に望ましくないグループ形成であって，最初の段階からグループの中の子どもの力関係が決まってしまっている。そこでは，常にリーダーシップをとる子どもと，いつも下積みになる子どもとが決定的なものになってしまう傾向が多い。そして，たとえそのグループによっていろいろな活動がスムーズにできたとしても，それは固定されたリーダーとフォロアーのその力関係―立場―においてスムーズにいったのであって，果たしてメンバーの一人一人，ことにフォロアーの立場におかれている子どもの気持ちや欲求が満足されているかどうかということは疑問である。

　とかくすると，保育者は，活動そのものが結果としてうまくさえいけば，そのグループはうまくまとまっていると大きな誤解をしてしまうことがある。グループの活動に関して注意しておきたい点は，その活動の中でグループのメンバーの一人一人の子どもが，どのように活動に参加し，立場が認められ，積極的に動いているかが重要な意味合いを持っているということである。グループとしての活動の過程が子どもにとっては大事なのであり，したがって，結果は多少大人からみて悪くても，あるいは作品としてはあまり上手でなくても，その活動の過程では，一人一人の子どもが非常に積極的に参加してやっているということならば，そこには価値があると認めていくことが大切なのである。

2．グループ活動の内容

　グループの活動は，どのようなことをグループ活動の内容としていくかということが，よく検討されなければならない。子どもたちが相談をして決めるというのも大切だが，相談するということは，子どもたちにとって決して簡単なことではない。どの子どもも，テーマや問題について関心を持ち，考えることができ，そして，自分が思ったこと，考えたことをどんどん発言することができる。また，相手の言うことを聞いて，どれがいいか考えられ，よりよき解決の方法はないかということを意見として出すことができる。つまり，集団で物事を考えること，「集団思考」が成り立つことが「相談」には必要なのである。したがって，幼児に相談で決めさせるという場合には，具体的に個々の子どもが理解し，参加できるような課題についての「相談」でなければ，ともすれば

特定の子どもの独断的な意見が通されてしまう危険性を生ずる。

グループで協力し合って絵を描いたり，物を作ったりするとき，上述の「相談」と同じように，当然その活動の過程において，子どもたちがお互いをメンバーとして認め合い，役割を自らすすんで分担し合っていくような状況で行われなければ，本当の意味での「協同」とは言えないのである。

グループとして活動しているその目標の理解，そして，自分はその中の何をどのようにすればいいか，目標や役割が一人一人の子どもによってはっきり意識され，それに対しての自分の知識，技能を十分に使って自信を持って行動できるような場面が設定されることが望ましいのである。さらに，それらの活動の展開において，試みにやってみること，失敗したらやり直しや繰り返しのできるだけの十分な時間と空間と物の保障がされて，初めて子どもたち自身の「協同」というものが可能になってくるのである。

グループのメンバーの一人一人が，どのように行動しているかが重要。

VI 障害児と共に歩む集団

　さて自分のクラスに障害児が入ることに決まりました。
　ここで，素直に動く子は少なく，多くは先生の指示になかなか従わないし，集団にも参加しない，だからこそ，問題児とレッテルがはられてきたのだと思いますが，先生も実際のところ，あせりますし，どうしたら良いかと悩みます。

> 他の子どものこともあり，困惑し，一生懸命にかかわろうとするのですが，そうすればするほど子どもは先生から離れていくような気がします。クラスはメチャメチャになった気がします……。
>
> 　　　　　　　　　　　　　　（池の川幼稚園　みんなの中で）

　茨城県日立市，池の川幼稚園の障害児統合保育の記録「みんなの中で」において，教師は「先生の危機」としてこのように告白している。今日われわれが取り組まなければならない教育的課題の中に，障害を持っている子どもたちに人間の子どもとしての教育を受ける権利を保障しよう，差別視や差別的扱いを否定しようということがある。それは実践の段階では決して簡単なことではない。教育全般の状況は，障害児を健常児と共に受け入れるには，まだまだおそまつな状態であるからだ。しかし現実の問題としては積極的にこの課題に取り組まなければならない。

　池の川幼稚園のみならず，この課題にすでに取り組み，悩みながらもその意義を感じ，その結果として障害児・健常児そして保育者・保護者共々より理解を深め，生活態度，人間としての生き方に変化を見出している例も多い。

> 　子どもが見えなくなり，あせり出したら，まず「障害児にとらわれていないか」と吟味してみることも必要です。
> 　かかわりの原則は「障害児にとらわれるな」ということです。障害児とて普通の子どもです。普通の子どもに働きかけるように，障害児に働きかけてみることです。
> 　「普通の子にかかわるように……」
> 　幼稚園が始まり，子どもはちょろちょろしていますし，話のできない子どももいます。さてそんな時，まず普通の子と同じように働きかけてみると，子どもが理解できるきっかけになります。
> 　普通の子に話しかけるなら，障害児にも話しかけてみて下さい。普通の子どもが当番などの役割があるなら，障害児にも役割を与えてみて下さい。
> 　たぶん，障害児は，そんなことは無視するかもしれませんが，それでよいのです。この時の原則は「働きかけはするが，強制はしない」というこ

> とです……。
>
> （池の川幼稚園　みんなの中で）

　この記録の中に，教師のあせりの気持ちと統合保育として障害児の存在を意識しすぎてしまう問題と，そして，働きかけを健常児と同じようにしていくことの必要性が述べられている。ここで考える「同じように」ということは「同じように子どもがすること」を要求しているのではない。障害児も集団の一員として同じように認めて，働きかけをすることが必要であるということである。
　障害児統合保育は，それぞれの実践において，大きな問題を抱えながら展開されている。しかし，その基本にある保育の姿勢は，まず「同じように集団の中に存在する」ことを認めることである。このことは重要な課題でもある。障害の状況はさまざまであり，特別な保護や訓練を必要とする場合も多い。安易に健常児と一緒に生活させればいいと判断することも避けなければいけない。「治療と教育」という接点の問題として，専門的指導が必要な場合もある。
　「統合保育」ということは，障害児と健常児が一つの生活集団のメンバーとして，生活を共にするということが基盤になっており，領域「人間関係」において，「人とのかかわりの育ち」として，このことを除外して考えることはできないことなのである。

> 　私のクラスに，ほとんど言葉をしゃべらない女の子がいました。毎朝，当番が順番に出席簿を読むことになっていました。その女の子の場合，私も「話ができないのだから，ぬかそうかな」と思っていたら，他の子どもが「まりちゃんはまだはなせないから，わたしが，てつだってあげる」と出てきて，出席簿を「はーしー　もーとー」と一字読んでは，女の子に同じく発音させ次に行く，というように読ませました。
> 　いつもは3分ぐらいで終わるのが，延々12分ぐらいかかって終わりました。終わったとたん，みんなから拍手がおきました。
>
> （池の川幼稚園　みんなの中で）

　保育者の姿勢は子どもたちに敏感に受けとめられる。池の川幼稚園の記録の

中に，まわりの子どもたちの心や行動の変化が述べられている。子どもたちが障害児を仲間として受け入れることは，健常児相互のかかわりよりも，もっと集団として大切なことなのである。障害児を仲間として認識し，心を動かし，行動できることは，人とのかかわりの育ちの上でも，より望ましいことであることは言うまでもない。

第 3 部

計画と実践・評価

第 6 章

計画と実践

I　生活設計としての保育計画（カリキュラム）

　幼稚園・保育所におけるカリキュラムは，1年あるいは4年という長期にわたっての計画と，月あるいは週，あるいは日案というような短期にわたる計画と両方が含まれている。長期にわたる計画の場合には，いま子どもが経験し活動していることが，先々どのような意味を持ってくるか，長い見通しの中で子どもの経験や活動をどう位置づけていくかという意味を，大切に考えていかなければならない。短期の計画は，いま目の前にいる子どもとの生活の中で，子どもが何を求め，何をしようとしているかというその動きに対応しながら，子どもの育ちを見通して環境の構成を検討し，子どもの自発的・主体的な活動を支えるためには，何をどのようにするか手立てを考えていくということにおいて，大切な意味を持っている。

　いずれにしても共通して考えなければならないことは，カリキュラムというものが，ただ幼稚園教育要領や保育所保育指針に定められたことを，どのようにして具体的に指導していくかというような考え方ではなくて，むしろ幼稚園教育要領や保育所保育指針に示されたものは，全国的な範囲においての共通した部分を示しているのであって，最も大切なのはいま目の前にいる子どもがどのような状態であり，その子どもたちの成長・発達のためにどのように働きかけていけばよいか，あるいは必要なのかということを考えて計画を立てること

である。そこで特に子どもたちの主体的な活動が展開されるように，園生活そのものがどのようになっているか，あるいはどのように展開するように支えていくかということを軸にして考えていかなければならない。生活の環境としての構成と活動の予測を考えることである。

　幼稚園・保育所の保育は，集団生活をする中において，子どもが主体的に活動していくことを軸にしているので，カリキュラムは当然，「園生活の計画」つまり「生活の設計」とでも表現していいような意味を持っている。したがって，従来よく見られたような，各領域の内容をただ羅列的に書いたり，あるいは季節的な題材や月の主題，活動単元などをまとめたりするようなカリキュラムでは，本当の「生活設計」としての意味とは，ほど遠いものになってしまう。

　そこで，そのようなスタイルのカリキュラムにならないために，特に子どもの人とのかかわりの育ちを考える場合には，4月のテーマが「不安を取り除き，そして幼稚園は楽しいところだということを子どもが知る」ということであったとすると，5月のテーマを考えるときには，5月になったら子どもの園生活はどのように変わってくるのかを考えてみる。そうすると，たとえば「新しい友達ができ，友達との初めてのふれあいを大切にしていく」というような内容が5月の主題として考えられることになるかもしれない。そして，6月には，一般的に梅雨時には慣れてきたことと相まってけんかが多いのでけんかの問題が出てくるかもしれない。その中でどのような子どもの育ちを願うのか……，というように子どもの集団の生活の発展を軸に考えてみることも大切なことなのではないだろうか。

　ここに一つの事例をあげておく。この桐朋幼稚園の事例は，長い見通しの中で集団生活を軸に考えた一つの例と言えるだろう。

▷年少組（4歳児）第1期　生活安定の時期……自分でできる，何でも言えるというような意思表現の問題や，先生との結びつき，みんなと一緒の気持ち，そして園生活の基礎をつくるという大事な時期。

▷年少組第2期　結びつきの時期……友達と一緒に遊ぶ，けんかをしたりすることもある。自分たちでまずやってみるというようなこと。

▷年少組第3期　ぶつかり合いからまとまりの時期……自分の考えを述べたりする，グループで相談をしたりすること，作ったりすること，あるいは

場合によって具体的にクラスの問題を考えたりすること。
▷年長組第1期　新しい年長組としての発展とぶつかり合いの時期……年少組に対する気持ち，生活グループでのぶつかり合いと結びつきがあること。自分たちのことは自分たちでという問題を考えていくこと，体験すること。
▷年長組第2期　年少からの段階では第5期になるけれども，この段階では，活動の拡大の時期……子どもなりに協力することが少しずつわかってくる。そして立場，役割がわかってくる。物事を自分たちでやり遂げていく気持ちが生まれてくる。
▷年長組第3期　生活の充実する時期……仲間意識が強くなったり，筋道立てた話し合いが可能になってきたり，集団として行動がまとまってきたりする。

　このような幼稚園の場合には全員2年保育をたてまえとしているので，年少3期，年長3期の計6期にわたって，子どもの集団での生活の仕方が，集団としてそして一人一人の子どもの人とかかわる力がどう発達していくかということを，カリキュラムの軸にして考えている。この園ではこのカリキュラムを「生活設計」と言っている。そして「マスタープラン」として考えており，これらの生活の発展を軸にして，考えていくことにしている。主体的生活を，全園生活を意味するものとして考え，その中に，中心となる遊びや生活行動，生活活動の問題があり，そして，選定した題材による活動も含まれる。そこでどうしても園生活を骨組みのある立体的なものとして考えなければならなくなってくる。これを「構造化」といっている。

II　子どもの主体的生活の場としての園生活の構造化

　園生活というものは，ただ領域の内容を，その日その日に適当に割り振って経験させていけばいいというようなものではない。また，ただ遊ばせていればいい，子どもの欲求に応じて対応してやっていればいい，というような単純なものでもない。かつてからよく問題にされる行事に追われる保育，あるいは行

事を追う保育というように，遠足，運動会，七夕のような行事を追いながら1年間を過ごすようなものでもない。

　園生活が子どもにとって集団生活として生活する状態になっているかどうかということは，園生活というものの中に，子ども自身の生活が成り立つための活動のフィールドがあることを改めて考えてみる必要があるだろう。ある園ではこのフィールドを「遊び」と「仕事」という2つに分けている場合もあるし，ある園では「基底になる生活」あるいは「活動」，そして「遊び」，「課題」とか「課業」といっている。また久保田浩は『幼児教育の計画』(誠文堂新光社) において「基底となる生活」「中心になる活動」「領域別活動」による構造化を考えている。いずれにしても何らかの形で子どもの発達とともに子どもたちの園生活が発展していくような内容を組み立てていかなければならないと考えているのである。つまり園生活の構造化・保育の構造化のために生活内容を再検討していこうとしている。

　桐朋幼稚園の事例では，3層構造の生活という言い方をしている。これは，一応子どもが，日々の生活の中で具体的に活動する分野を，「具体的活動のフィールド」として3つのフィールドを考えている。1つは生活をすることにかかわる活動の分野，これを「生活と仕事」という表現をしており，生活行動と生活の営みへの参加活動である。つぎは「遊び」という分野で，これは本当に子どもの自由な遊びを大切に育て上げていこうとする考え方である。3つ目の分野が，「選定された，あるいは計画化された題材による活動」という分野である。これは保育者が子どもの発達に必要だと考え，そして選び出した題材によって主体的に活動していく分野である。そしてそれらの分野の基盤として一人一人の子どもと，子どもの集団の変革，つまり「個人と集団の変革」というものを考えているわけである。この3つのフィールドによる組立てを「3層構造」としている。もちろんこの「3層構造」の各層の間には，全園活動としてお互いに密接な関連があり，かかわり合いがある。また3層の構造には入園期から修了期に至る生活の流れに従って，質的・量的な変化が当然に考えられる。いわば入口から出口までの奥行きともいえるもので，つまり「構造化」ということは平面的なものではなくて，立体的に考えられているのである。このような「3層構造」において，人とのかかわりの育ちがすべての内容を通してあることを，

特に注意しなければならない。この考え方からすれば，当然のように領域「人間関係」に関係する「活動」というものは，生活の一部分ではなくてむしろ全般にわたるものとして考えていることである。したがって，カリキュラムそのものが子どもの生活を大切にした，子どもの集団としての生活を軸にしたカリキュラムでなければ領域「人間関係」は位置づいてこないと言ってもいいだろう。

　「園生活の構造化」「保育構造」については，いろいろな考えがあって当然である。しかしいずれにしてもそれは，子どもを生活主体者としての生活の組み立てと営みと考えていくことを前提にすべきだろう。

第 7 章

実践のチェックポイント

　いま目の前で子どもたちが活動を展開している状態を観察し，理解し，把握し，そしてそれらに対して働きかけをするというような場合，また計画的に子どもの経験や活動の題材を選び出し，そしてその実践ではあたかも子ども自身の活動になるように展開していく場合に，いくつか大事にしなければならないポイントがあるように思う。そこで，その例としていくつかのポイントをあげてみたい。

(1) 自 由 性

　一つの活動に，子どもたちがどれだけ自由な側面を持っているかということである。遊びはその自由性が100パーセントに近いと言えるわけで，自由であるということは，子どもが自分の欲求に従って考え，そして活動もどんどん展開していくことであろう。とかくすると計画的に展開される活動は，この自由性が全くゼロに近づいてしまう場合もある。それは決して望ましいものではない。自由というのは，子どもが自分のやることを自分でいろいろと選べることである。そして，自分で満足いくまでやれることも「自由性」である。

　しかし，「自由性」はただ好き勝手なことをやるということではなくて，その中に自分で積極的に取り組んでいくというような意味も含められていることを忘れてはならない。一般に自由について誤解されやすいのは，保育形態が自由であることや，計画された課題がないことだけを，自由な保育であると考えてしまうことである。しかし，自由は努力して獲得するような自由もある。絵が自由に描ける，言葉が思うようにしゃべれる，これも自由である。そうなるための過程として学習がある場合もあり，課題による活動でも，子どもが自由な

心でする場合もある。その一つの活動にどれだけの自由があるか，子どもにとってはどれだけの自由性があるかということを，チェックしてみる必要がある。

(2) 個　　性

　これは自由性ともかかわってくるし，主体性や創造性ともかかわってくる。つまり，とかくすると画一的な，全体が同じように，同じようなことを同じ程度にできるということを要求しがちである。そこで一つ一つの活動，たとえそれが集団的な活動であっても，その中にどれだけ一人一人の子どもの活動の仕方，考え方が生かされているかということの点検をしてみる必要がある。つまり集団的に画一的に動くということばかりであると，個性がなくなり，子ども自身の一人一人の主体性というものが損なわれていく危険性があるからである。どんなに課題を持った活動であっても，その中に個性がどれほど生かされようとしているかということを，点検してみる必要がある。

(3) 自発性・主体性

　いかなる活動においても，それが子ども自身の活動として展開されているかどうかということを検討してみる必要がある。主体的であるということは，子どもが受身になっていない，自分から自分の課題に向かって動いている，活動しているという状態である。そして特に大事なのは，「主体性」というのは「自己中心性」と違うということである。つまり自分勝手にただやるということではなくて，仲間とのつながりの中で，自分が進んで活動に参加し，あるいは自分から動いていくことといってよいだろう。

(4) 生　活　性

　一つの「活動」が子どもの園生活，あるいは家庭生活から生まれてきているか，あるいは生活にかかわっているか検討してみる必要がある。子どもにとっての経験や活動が，全く子どもの生活に無関係なところで取り上げられ，あるいは計画的に行われるということは，決して望ましいことではない。

(5) 創　造　性

　あらゆる活動は，でき得るだけ創造的な活動として展開されることが望ましい。創造的であるということは，ただ子どもが与えられたものをするということではなく，子ども自身がその活動の中で，何らかの自分で創り出す部分を持っているということであろう。それは，決して大人が考えているようなりっぱ

なものでなくてもよい。ささやかなものでもよい。あるいは一度でうまくいかなくてもよい。とにかく何か子どもが手を使い，頭を使い，創り出し，生み出していくことである。この場合の「創造」ということは，決して具体的に物を造り出すことばかりではなくて，ある考えを生み出していくということも創造の中に含められる。「創造」ということは人間の能力としてすばらしいものであり価値のある動きである。それだけに創造性を身につけるようにしていくことが「教育」という働きでは大切なことなのである。創造性を育てることは活動の過程が大切である。それを子どもがやっていく場合にはゆとりが必要になってくる。指導の上で遠まわりや待つことが必要になってくる。したがって，一つの活動がどれだけ創造的な活動として展開されていくか厳しく考えてみなければならない。

(6) 総 合 性

子どもの活動は，他のいろいろな活動との総合的な形で展開される場合が多い。また，単一に見えるような活動でも，子どもの育ちにとっての意味は多様である。したがって，その総合の度合い，どのように重なり合っているかを点検してみる必要がある。たとえば合奏という一つの音楽的な活動も，役割の分担や協力の姿勢，そして一人一人のそれに対する興味性，あるいは表現する楽しさ，イメージのふくらみと表現等いろいろなことが重なり合って経験されている。一つの合奏という活動がどれだけ総合性を持っているか，保育者の総合的な視点の有無によって違ってくる。そこで総合性は，ただ"領域"に書いてあるねらいがいくつ含まれているかというようなものではなくて，どのように，子どもにとっての活動の意味が重なり合っているかということを考えられる保育者の視野・視点の問題として考えなければならない。

(7) 課 題 性

教師が計画した場合にしても，子ども自身が選んで自分でやろうとしている場合でも，そこにはおのずと課題性があるといえよう。1つは計画的に与えられた課題であり，1つは自分で選び出した課題である。遊びの中にさえ，子ども自身が選び出した課題がある。しかし，いずれの場合でも，課題は活動の段階で，子ども自身の「自己課題」として，子どもの心の中に楽しくやろうとする状態になっていることが主要である。つまり望ましいことは，自分の課題と

して活動が展開されることであり，これを「自己課題性」という。自己課題性は，たとえ保育者が計画した，選定した題材による活動であっても，いよいよ活動が具体的に展開される段階に至って，子ども自身あたかも自分で選んだ課題に向かう気持ちになっているかどうかが大切であり，環境の構成はその意味でも大切なのである。つまり，子どもの自発的な活動の動機づけとなることが大切なのだ。

(8) 集団性あるいは組織性

一つの活動の展開の中で，どのような子どもたちのお互いのかかわりが考えられているか。あるいはその人数，そのかかわり合いの仕方の質的な問題，どの程度のかかわり合いでその活動が成り立っているかを検討する必要がある。一つの活動における子どもの立場，役割の状態，あるいは協力体制，リーダーとフォロアーのような力関係，こういうような集団としての度合い，組織化の度合いがどの程度のものであるかということを，点検してみる必要がある。しかし忘れてはならないのは，その集団の中で，特に一人一人の子どもが生き生きと活動できているかどうかということである。

第8章

事例研究

　この章では，事例をあげてみることにした。これらの事例は必ずしも模範的な事例というわけではない。しかしながら，これらの事例を読んでみると，実践というものが，いかに子どもを見詰め，子どもと一緒に行動し，そして子どもに働きかけていくことをしているか，また，いかにそれが総合的であり，そしてきめ細かなものであるかということを考えることができるであろう。

　これらの実践記録は，それぞれの幼稚園，保育所において，実際に行われたものの生々しい記録である。ここでは，なるべくそれをそのままに掲載することにした。したがって，この実践記録を読みながら，人とのかかわりの育ちについての実践というものはどのような問題を持っているのだろうか，あるいはそれを実践していくためには，どのようなものを大切にしていったらいいのだろうか，そして子どもにとっては経験や活動というものが，なぜ大切なものであるのかというようなことについて，ディスカッションを展開してほしいと願っている。

　また，さらに深く読むことができるならば，この事例を通してどういう点を考えていけばよりよい実践となるか，あるいはもし自分が実践者の立場であったならばどういうふうにしただろうか，何をそこで考え実践しただろうかという点まで考えを深め，討議していくことが望ましいと思っている。

> **事例　1**
>
> 〈コメント〉
> 　この事例は，保育において遊びというものが，特に子どもが友達を見つけ，友達とかかわりを持っていく，その人間関係を持ち育てていく大事な場として，どのようなものであるかを考えることができる事例であろう。
> 　この事例は，まず前半に3歳児の問題を取り上げている。3歳児は特に社会性，あるいは集団化のスタートの時期として大事な時期であると考える。
> 　記録の中では，特に大人との結びつきから子どもどうしの結びつきへ，どう展開していくかという問題。あるいは新しい友達とのつき合いでお互い名前を知っていくこと，あるいはそれぞれについているマークの問題。それから保育所の事例であるので，特に2歳児から進級してきた子どもとのかかわり。集団生活経験における先輩の子どもとのかかわり方。それから遊びで実際に子どもどうしのつながりにおける媒介になる遊具や物の問題。そして遊び方と保育者の働きかけの問題。ごっこ遊びからの展開がささやかでも出てくること。それらの問題を，この事例の中からうかがうことができる。
> 　4歳児では，遊びの中では特に「ごっこ」というようなものを通しての，子どもどうしのかかわりが興味ある。4歳児から5歳児にかけては，特に集団的なつながりでの遊びというものが多くなってくる時期である。「ごっこ」をどのように育て，どのように見詰め，理解し，そしてそれに対してどう働きかけをするか。また，「ごっこ」を通して子どもの人とかかわる力や集団化・組織化がどのように進んでいくかということを考えることができる事例であろう。　　　（大場牧夫）

遊びの中でみる友達関係
――3歳～5歳の成長を追って――

（弘道保育園）

　子どもの社会性の発達においては，遊びの場面で子どもたち自身がかかわり合いながら仲間関係をつくり，態度を形成し，発達させていく……，その力が大きいと思われる。子どもたち相互の関係は，生活・遊び・活動（課業も）のすべての面にわたって育てられねばならないが，その中でも遊びの面では，子どもどうしの関係が自立して，自由に自然にあらわれ，また快い積極的な情緒に

支えられてつくられるため，特に大切にしたいと思うのである。

　遊びは，保育者が指導する性格のものではなく，子ども自身が自主的に選んでする行動，そして，最も自分らしく振るまう場面であると思う。

　ここでは，自由な遊びの場面の観察を通して，子どもたち相互の結びつきをみることにしたが，これは指導と結果が直結した実践記録ではないので，配慮という形での間接的な指導についてふれてみた。

1．3歳児の遊びの中で
――大人との結びつきから子どもどうしの結びつきへ――

　新入の子どもにとっては，初めての集団生活，また乳児組から進級してきた子どもたちにとっても，2歳から3歳への進級は，集団生活という観点からみて，一つの節目になる事件である。6人に1人の保育者に，十分の見守りを受け，大人と一体化した濃い関係にささえられてきたのが2歳児の姿だった。それがクラスも20人以上になり，大人の数も少なくなり，まだまだ大人との結びつきを強くもとめている3歳児にとっては，不安な幕開けといえるのではないだろうか。

　しかし，3歳児期というのは，大人との人間関係に満足できて，そこから出発して他の子への結びつきを目覚めさせる時期と考えられる。集団の中で没個性的になるのでなく，集団の中での自己形成をはかられるようなクラス運営をしなければならないと思う。

▶5人の新しい友達を迎えた3歳児組

　入園・進級した子どもたちを迎えて，まず保育者のしなければならないことは，遊びの楽しい雰囲気をつくり，子どもたちを何かしたいという気持ちにかりたてること，そして保育者に結びつこうとする一人一人の気持ちを満足させながら，子どもどうしの共通体験をつくり，それを基礎に仲間関係を育てたいということであった。そこで，入園後の1カ月間だけ，やりたい子どもだけが参加する形で保育者が中心になっての遊びを考えた。

〈人形に新しい部屋を見せてあげよー〉

　入園後2日目「人形に新しい部屋を見せてあげよー。散歩しよー」と人形コーナーから，近くの子に声をかけた。子どもたちは，人形をさがして抱いて集

まった。「着がえさせるから待って」と，よそいきに着がえる服をさがしている子もいる。それらを待って，部屋の中をゆっくり散歩。もちろん，いままでしている遊びが面白くて参加しない子もいる。新入の子どもたちは，それぞれが一人遊びをしていたが，緊張しているのか，ほとんどその場から動かない。参加したのは進級児が多かったので，まず遊具で一人遊びをしている新入の子どもの所をまわる。

「新しいお友達の名前，知ってるかな？　Ａちゃんね。たくさん，玉を通したわね。みんなＡちゃんのマークおぼえた？　ハブラシのマークだね」つぎはＢ君のところ「Ｂちゃんは，家族合わせが面白いのね。さくらんぼマークのＢちゃんね」などと，進級児に新入の子どものことを印象づける。新しい部屋での遊具と置場所，遊び場所もこのような散歩ごっこで知らせていった。

こんな遊びで，子どもたちの共通体験をつくり，また，新しい部屋をよく知って自分のものにしてほしい，楽しい遊びを仲間とつくってほしいと思ったのである。ある時は車の遊び，ある時はままごとのようなこと，おもに子どもどうしのかかわり合える遊びを取り上げ，保育者が遊びをほんの少し支える10〜15分ぐらいの動きで動機づけ，子どもが遊び出したら抜ける。

2週間もすると，新入の子どもたちも，1カ所で動かず遊ぶといった緊張もとれて，不安なく自然に他の子の中へとけこんでいったようだった。

<7月の記録から>（午前9：00〜10：00）

○モザイク　　Ａ，Ｂ，Ｃ3人で遊び出す。Ａ，Ｂが間もなく取り合い(量の多少)。その2人（男）はやめて積み木へ。飛行機ごっこを始める。積み木で滑走路，ブロックで飛行機を作り飛ばせたり，着陸させたりを繰り返す。

○絵　本　　Ｄ「えんにち」を見ている。Ｅがすぐそばにきてのぞく。Ｄはちょっとは見せていたがすぐかかえ込み，怒って向こうへ。

○ままごと　　Ｆ，Ｇは小動物に食べさせて，「クッキー食べるぞ」「ヤー食べたぞ」など，クッキーを皿に入れたり，食べさせたり。

Ｈ「サクランボジュースですよ」と客を呼ぶ。「何さしあげますか」Ｉ「ジュース」「ハイ」。食べ終わると，人形を抱いて，「この子がおかゆを食べたいっていったから」「つくってあげる」料理をしていたが「はい，どーぞ」食べさせる。

H「もう，この子がねるじかんだよ」
　　I「よるだから！？」「みんなでねよー」そして，5つの人形，2つの動物を一緒に寝かせ，自分たちも一緒に寝る。
　　H「おきよー」と人形を起こし，「いぬさん，朝ですよー」「さー，散歩いくよ」
　　「くまがいるの，くまのうちはね……」など1人で会話をして，手提げ袋に人形，買物籠に犬を入れて散歩に出かける。
　　I「さー，起きるよ，アラッ！　ねつがでたね」「じゃ，お医者さんにいかなくちゃ」人形を抱いて，医者ごっこへ行く。（省略）
○医者ごっこ　　飛行機ごっこをやめたA，医者の服を着て待つ。Jが患者の人形を連れて診せにくる。つぎに，さきのIも，熱がでた人形を連れてきて診せる。
　　「この子，ねつあります」「何度ですか」「8ぶ」「かぜです，注射します」
　　Jは医者からかえると，積み木で人形の家を作り始める。Iもそれに加わり，家ができると，人形を動かして家ごっこの会話が始まる。

　このほか，積み木やブロックを使って，6人くらいで飛行機ごっこがつづく。乗物ごっこの2，3人は動物をのせて走らせている。2，3人で玉を通し作ったものを腕輪や首飾りにして（大人になったつもり），並んで歩いたり，積み木を1つずつ高く積み上げているグループなどなど。

　この記録をみて，3歳児の友達関係や遊びを特徴づけるものは，モザイクのような断片的結びつきと，反面，多彩な社交性を持っていることであろう。友達関係は，2，3人での遊びが多い中で，時々それがつながって多勢になり，また，他の結びつきを生んで離れていく，この繰り返しが多く見られた。なかよしのグループはみられたが，まだ結びつきは浅い。しかし，他の子がしていることに関心は強く，すぐ共感して一緒に遊べる柔軟さを持っている。しかし，大勢での遊びはまだ続かない。これは，遊びの面からも言えることで，3歳児は，まだ課題を持って遊んでいるのではなく，テーマはくるくる変わってくる。身のまわりの生活に興味を持ちだして，そこでの観察や，聞いたお話の断片が遊びに反映されるが，まだその印象は断片的にしかとらえられていない。他の子の遊びの中から，自分のかかわれる部分を見つけて，つぎの遊びを生んでい

く，そんな交流から3歳児の友達遊びの輪はひろがっていくのであろう。

〈3月の記録から―食堂ごっこから誕生ごっこへ〉

　保育者が，遊び出せないA児を「お客さんになって！」と誘ったことから，「いれて！」と5人加わる。遊び出したのを見て，保育者は抜ける。

　料理を作る人，B，C，D，E児，ウエイトレスはF児。料理係の4人は平行的に好きに作り始め，F「何の注文ですか」A「……」F「言って」と，Aがなかなか言えないのを，ようやく聞き出し，「カレーライスだって」。料理人たちは注文がくると，1人が中心になり，皿にもりつける。ウエイトレスが運んでいく。その様子を見ていたG，H，Iの3人がお客にくる。テーブルにきて腰かけ，1人は自分で「ラーメン3丁」を注文したので料理人は張り切って作り始めた。そのお客が帰ると，料理人の1人がエプロンを脱ぎ，客になったり，新しくJが料理に加わったりしながらも，遊びは終わりかけた。そして，ウエイトレスのFがお盆に，料理の材料（種子やスポンジの切ったもの）や丸型のブロックなどをきれいに並べ，できあがるとそれをテーブルに，「これ○先生の誕生ケーキ，これは○先生の分」と2つ並べる。

　「私の誕生会してくれるの。じゃ，このテーブルの上を片づけましょう」と，食堂ごっこの料理を下げると，自然に，あるいはFが呼びかけたのか，子どもたちで，テーブルかけをかけたり，料理を持ってきたり，全員がテーブルについて，「誕生会！」と楽しい雰囲気がつくられて，保育者が席につくと，Fがローソクのつもりのブロックを持ってきて火をつける（まね）。保育者がうたったり，お祝いの言葉を言ったりして，"おめでとー"と言って，誕生会ごっこは終わる。

　クラスで祝う誕生会の楽しみを，夏ごろからよく子どもたちは再現するようになっていた。それは2，3人のときもあり，4，5人の遊びであるときもあったが，この3月始めの誕生会ごっこは，保育者が加わったこともあって，遊びが広がり4歳になった成長をのぞかせた共同遊びであった。

〈3歳児集団への配慮〉

　3歳児の子どもどうしの関係が望ましい方向に育つためには，集団生活の中での一人一人が，お互いを楽しい仲間と感じられることが大切であり，それが集団意識につながるのではなかろうか。そこで，誕生会は集団の中で一人の存

在価値を際立たせ，その子にとって印象的な日，クラスにとって印象的な大切な日であるようにした。みんなの中で励まされ，よい所を評価され"おめでとー"と祝われるとき，子どもたちは，集団の中で受け入れられる安定感と自信をつけていったのではなかろうか。誰もが，自分の誕生会を楽しみに待っていた。それで遊びの中に誕生会がいつも登場した。

集団の中でのもう一つの個人に対する配慮として，おとなしい子，集団の中で気おくれしてしまう子など見落とされがちな子どもに対するものがある。無理に急いで集団へ引き入れようとする必要はないと思ったが，そんな子のよい点も印象づけられるように，いろいろの機会をとらえて評価していった。

遊びの面では，部屋の中で２，３人で遊べる空間と遊具（数も）を適当に配置し，お互いに遊びをじゃまし合わないようにし，しかしそれらのコーナーが開放的でもあるように留意した。

2．4歳児の遊びの中で
——集団での仕事，遊び，課業などを通して，役割遊びへの成長をはかる——

4歳児組になったとき，11人の新入児を迎え，30人のクラスになり，部屋の広さは同じなのに子どもの人数はふえて部屋いっぱいという感じであり，けんかが多くなるのではないかと心配であった。しかし，人数分に見合う程度，種類の遊具を多くそろえ，進級児も，とにかく熱中して遊びを始め，目立った変化はなく，新入園の子どもたちも，その中へとけこんでいくようすだった。

4歳での新入児は，3歳とちがって，まわりと没交渉に一人遊びへ入っていけなくなっていた。積極的な子どもは，すぐ友達の遊びに加わっていき，進級児もそれを受け入れたり，誘いかけたりしていた。しかし，消極的な子どもは，誰かと一緒に遊びたい気持ちが強いため，逆に一人では遊び出せない。登園すると人の遊びを見ていて，遊び出すまでに時間がかかり，ようやく遊具を選び，誰かのそばで並行的に遊び始めるという様子だった。また，こんなタイプの子どもたちは，保育者をまず遊び出す相手に選ぶようになり，動物・人形など保育者の分も持ってきて，おしゃべりしたり，お話をめぐるやりとりをすることが多かった。そんなところにも，この年齢らしさがでていて人間関係に興味を持っていることがうかがえた。

〈12月の記録から〉（午前9：00〜10：00）

○粘土　　A「Bちゃん，いれてほしいの？」　B「うん」　A「いいよ，こっちにおいで，おとーさんごっこしよーか」　粘土で動物，人など作り，それに役を持たせて家ごっこの会話，50分続く。

○家ごっこ　　C，D，E，F，G児の5人で遊び始める。E「あたし子どもがいい！」D「あんたお父さん？」C「なってもいい」と役決めがあり，F「お姉さんがいい」，Gも「子ども」になる。お姉さんはいつもなりたい子が多く，ほとんどお母さんと同じことをしている。お父さんはネクタイをして帽子をかぶって出かけ，お母さんはエプロンをして料理，子どもはおしゃべりをしている。これだけで終わり。10分しか続かない。

○医者ごっこ　　（家ごっこの子どもたちが移る）E（医者）「つぎの方どーぞ」D（看護婦）「病気の人形，連れてきなさい」と呼びかけ，保育者に「紙とエンピツちょうだい」　罫の入った紙を渡すと"カルテ"らしきものを書く。

はつねつ	にがぐすり	6000円
はしか	あまぐすり	60円
せき	くすり	50円

などと書きつらねてある。Hがもう1人看護婦に加わり，チリ紙を折って「ハイ，薬です，おだいじに」　患者は，おはじきやモザイクの金を渡していく。C，G，I，J児が，人形の患者を抱いて椅子に腰かけて待っている。40分遊びが続く。

○色積み木で家ごっこ　　K児1人でこけし人形（家族になる）を使って親子の会話をしていると，L児加わり，2人で親子になっている。50分ぐらい続く。そのあと，A，B児がきて，テーブルいっぱいに，家や広場を作り，こけし人形で友達ごっこの会話。

○積み木で家作り　　M，Nの2人で，こけし人形を動かして会話。

○動物の家と動物　　O，Pの2人で2軒の家を並べ，訪問しあって，友達ごっこ。

このほか，ピコ人形をつなぐ，絵本や造形ブロック，ブロックの車に動物をのせて走らせるなどの遊びがあったが，圧倒的に役割をとって，人間関係をあらわす遊びが多くなっている。

いかに人間関係への強い興味が出てきたかがうかがえるとともに，父母や家族の役割，保育園などでの友達関係など，自分の一番身近な社会が観察の対象となり，それらが遊びに反映していることがわかる。

グループのメンバーがかなり固定して，遊びが続き，その合意でどんな遊びをするかが決められる。最初から課題意識があり，それに従って役の配分もみられるようになってきている。

<4歳児集団への配慮>

遊び以外の活動形態は一斉参加の形が多くなる。活発な子，反応が早い子だけが目立つのでなく，個々の子どもが，自分の発見や思ったことを発言できる場であり，他の子はどんな風に考えているのかな？と，お互い注目できる場であるように配慮した。特に，集団の中ではともするとかくれがちになるおとなしい消極的な子ども，そのよい点を目立たせるようにしたり，発言を励ましていくなど留意する。3歳の時と同じく，クラス単位でする誕生会も，誕生児がその1日，親切，励ましなどの快い体験をもって，クラス中で大切にされていることが感じられるようにした。

集団のための当番制も導入した。3歳の時は，やりたい子どもが保育者を手伝う。4歳の始めは，当番導入への配慮もあり，みんなの前でこれらの手伝いを評価していった。いつも父母や保育者が自分たちにしてくれること，その中で自分にもできる手伝い，成長した自分たちの仕事として気づかせていき，子どもの気持ちの中でも熟していた。1学期の半ばに始め，グループの世話をする人を当番として，グループで1人ずつ順番にした。機が熟していたからか，抵抗感や理解できないこともなく進めていけた。

遊びについては，家族ごっこができるようなもの，たとえば，家族人形，こけし人形の家族，動物の家族，マグネット黒板に貼りつけられるくりぬき人形家族，また，子ども自身が，役をとれるよう，お父さんにネクタイ，お母さんはネックレス，医者や看護婦の道具なども用意した。

3．5歳児の集団の中で
──身のまわりの社会認識の広がりを通していろいろな関係を知り，自分の役割を喜んで担う──

　年長では，3人の新入児を迎えたが，進級児の側にも，新しい子たちの世話をしようという気持ちがあり，新入児の側にも新しい集団へ入るのだという期待感があるので，ごく自然に"いれて！"と言ったり，"いれてあげる"ということができる。友達とのつき合い方のスマートさが感じられるようになった。このような子どもどうしの関係の中で，仲間としての遊び，保育園集団の中での役割関係を築いていってほしいと思った。

　　　　　　〈6月の記録から〉（午前9：00〜10：00）
○駅ごっこ　　A，B，Cの3人でレールを組み合わせ，高架の線路とともに積み木で駅も作り，何本もホームを作る。
　　D「ぼくもいれてよ」　A「うんいいよ。おい，Cちゃん，Dくんもいれたよ」
　　駅にはピコ人形を並べる。
　　C「1番線に上野行きの電車がまいります，お乗りの方は押しあわないようにお乗り下さい。2番線に岡谷行きの電車が入ります」駅員になりアナウンス。
　　Bも駅でピコ人形を乗せたり降ろしたりする役。Aは電車を走らせ駅に発着を繰り返す。Dは，あまり役意識はないが，駅や線路を修理したり，作り直したり。
○店ごっこ　　7人で，ベルトのようなブロックでメガネを作ったりいろいろ。レジの機械も作ると，売り手，レジ，買い手が分かれ，レジ係は皿に玉を入れ，お金を出し入れ。
　そのほか省略するが，医者ごっこ，家ごっこ，小人の町にミニこけしなど。
　1学期によく遊ばれたのは，このほか保育園ごっこが多かった。保育園ごっこの中で相変わらず誕生会がでてくることが多く，先生の司会の役，お祝いの言葉，遊び，歌，人形劇など，進行の様子が，始めから終わりまで再現され，役もはっきりしている。このほか学校ごっこでは，生徒は絵本をひろげ，長いもの（それはスプーンのときもある）をエンピツにして勉強。先生はテーブルの前

に座り，子どもは椅子を並べて，体育の時は"さー歩きましょう""走って！合図で止って"と保育者そっくりに再現し，エプロンと頭巾をつけた子は，給食調理士の役で，やがて昼食の時間，当番の役の子が配り食事，午睡の時間とつづく。このように，1日の生活の始終が再現されるようになり，役割も細かく表される。

　遊びの中で，仲間関係が安定し，最初から終わりまで，配役があり筋書きのある劇のように，子どもは役に要求される動きだけしかしない。役割遊びの発達が，身のまわりの現実の経験や興味の上にたって共同の遊びを作り出していったといえる。遊びの持続は，特に4歳と比してさしたる変化はないが，遊びの内容や構成が質的に密度が高くなったといえる。特に，現実の自分たちの生活や，大人たちの仕事や関係を，すぐに遊びに反映させていく（避難訓練が人形で遊ばれたり，医者ごっこの中に，歯科検診や，身体検査が反映したり）など，その現実認識は特長的といえるくらいにのびている。

〈5歳児集団への配慮〉

　クラスという集団の中で，より具体的に役割が意識され，みんなのために，あるいはみんなと一緒に働く場を多く用意したいと思った。個々の子どもが，集団の中でなくてはならない存在と感じられ，安定と自信を得られることを大切にしたいのである。このために考えたこととして，2学期からクラスで相談して誕生会の準備（部屋を飾るなど）と内容を考えること，司会も子どもが受け持つことにした。当番の仕事の内容も，グループ員のためだけでなく，クラス全体のため，園全体のためにする仕事も加えて，役割感を強めることにした。さらにリーダーを作って，1日のクラスの生活の世話やリードすることによって，一人一人が，その1日のクラスの中心として，集団の中で存在価値を感じられる機会を多くした。その仕事をする中で，子どもの持っている積極面，消極面にかかわってみせた努力について評価，励ましていったことは，子どもがより集団的になるために，大変効果的であるように思った。

　遊びの面では，4歳と同様に役割遊びを広げられるようにするが，そのものの道具がそこになくても，より柔軟に自分たちで道具を選んだり，素材で作ったりできるようにし，仲間との遊びを協同して作っていけるようにしたいと思った。

事例　2

> 〈コメント〉
> 　「生活行動」という言葉は，まだ，一般的ではない。桐朋幼稚園の事例では，子どもたち自身が生活をするために，園生活をするために必要な行動を「生活行動」と考えている。ここではその生活行動というものの内容を，まず具体的に押さえようとしている。列挙された生活行動は，とかくすると「しつけ」という名のもとに見落とされがちなものや，「自立」という名のもとに簡単に扱われているようなものもあるが，実際にはどのようなものが子どもの生活行動であるかという点で参考になるだろう。
> 　また，園生活によって多少その内容は変わることもあるので，これを一つの手がかりとして，子どもたちが生活をするに際して，どのような行動が必要になり，自分でやらなければならないかという点を，具体的にあげて考えてみるといいと思う。
> 　さらに，その生活行動は実際にどのような形で経験され，確認されていき，子ども自身のものとして身についていくかということについての記録が出ている。その事例は，1つは自分のものをさがすというような動きの問題。2つ目は「手伝って」という働きかけによって，子どもが先生の手伝いをするという，自分のこと以外の行動をすること。つまり集団的な行動への第一歩の問題。3つ目は，集まって話を聞くという，集団として行動するときに必要な姿勢の問題。これらがあげられている。実際には生活行動というのはかなり幅が広いが，この事例をめぐって，どのようなものが本当の生活行動として大事かということを考えてみるといいと思う。
> 　　　　　　　　　　　　　　　　　　　　　　　　　　　（大場牧夫）

園生活における生活行動について
年少組（4歳児クラス）

（桐朋幼稚園）

1．はじめに

　園生活の主体者は子どもである。そこで重要なのは，子ども自身の生活する動きであり，その依存から自立への道筋で子どもたちが経験し習得する生活能

力であると考える。そこでどのくらいのことがやれているのか，どういうことはやれないのか，日頃園生活の中にある生活に必要な行動を，具体的にチェックしてみる必要があると思った。生活する子どもを育てるために，自立を重視している園生活においては，子どもなりに生活していくのに必要な行動―生活行動をチェックしていくことは，重要なことだと考えるからである。

　つぎにあげる項目は，生活行動といえるものだが，実際にはどういう場面にあるのかを検討してみた上で，まとめて整理したものである。その一つ一つの項目に対する，一人一人の子どもの情況をチェックしていってみることにより，子どもの実態を把握することができるものと考えている。

　また，それを行うことで，今までの指導の反省と，今後の手がかりを得ることができるものと考えてもいる。

2．具体的な生活行動

▶着　　る
○自分で制服を着る
　　・裏返しを直して着る　　・前後・上下を間違えずに着る　　・ねじらずに着る
　　・ボタンをはめる　　・ボタンの位置を間違えずにはめる
○自分でブラウスを着る
　　・小さなボタンをはめる　　・手首のボタンをはめる　　・肩のボタンをはめる
○自分で丸首の服を着る
　　・頭からかぶる服を着る　　・裏返しを直して着る　　・前後を間違えずに着る

▶は　　く
○パンツをはく
　　・肌パンツをはく　　・水泳パンツを上手にはく
○ズボンをはく
　　・制服ズボンと活動着ズボンをはきかえる　　・裏返しを直してはく　　・前後を間違えずにはく
○靴下をはく
　　・引っぱりあげる　　・裏表間違えずにはく　　・かかとの位置を合わせてはく　　・短い靴下をはく　　・長めの靴下をはくときにうまいやり方ではく

○靴をはく
　・自分の靴をちゃんとはく　・左右間違えずにはく　・かかとを踏まずにはく

▶帽子をかぶる
○制服の帽子をかぶる
　・自分でかぶる　・前後を間違えずにかぶる
○水泳帽をかぶる
　・自分でかぶる　・前後を間違えずにかぶる　・あごひもがかけられる
○紅白帽をかぶる
　・自分でかぶる　・落ちない状態にする　・頭にキチンとはめこむ

▶脱　　ぐ
○パンツを脱ぐ
　・肌パンツ　・水泳パンツ
○上着を脱ぐ
　・前開きの服（制服・ブラウス）　・丸首の服（活動着・Tシャツ・シャツ）
　・首まわりが小さかったり伸び縮みの少ない服
○ズボンを脱ぐ
　・制服　・活動着
○靴下を脱ぐ
○靴を脱ぐ
　・運動靴　・長靴

▶洗　　う
○手を洗う
　・手の甲の方も洗い腕まで洗う　・足を洗う　・顔を洗う　・水道の水を調節して服やまわりを濡らさないようにする　・石けんを使って洗う　・トイレから出たときは必ず洗う　・お弁当・牛乳の前には必ず洗う　・動物をさわった後には必ず洗う
○自分で使ったコップを洗う

▶拭　　く　（以下は，紙数の関係で，・印の細項目は省略した）
○手を拭く

○足はぞうきんで拭く
○全身が濡れたときにはバスタオルで拭く
○のり・ボンドのついた手は濡れたタオルで拭く
○水や牛乳を床にこぼしたときには自分でぞうきんで拭きとる
○テーブルに水や牛乳をこぼしたときにはタオルでテーブルからこぼさないようにして拭く
▶提出する
○登園したらすぐに連絡帳をテーブルの上か先生に出す
○手紙の返事を先生にわたす
○集金袋を先生に出す
▶トイレに行く
○行きたい時に行く
○用が済んだら始末をする
○使い方に気をつける
○自分で他の活動とのかかわりを考えてコントロールする
▶お弁当・牛乳
○用意をする
○食事する・飲む
○片づける
▶片づける
○自分の衣服の始末をする
○自分の持ち物の処理をする
○遊具を片づける
○道具・用具などを片づける
▶さがす
○自分の物をさがす
○自分のほしい物をさがす
○人をさがす
○先生・友達に頼まれてさがす

▶並べる
○自分のロッカーの中の物をキチンと並べる
○椅子を並べる
○遊具などを並べて片づける
▶配　　る
○牛乳を配る
○連絡帳を配ってあげようかと言いにくる
▶準備する
○牛乳の準備をする
○お弁当の準備をする
○活動の準備をする
○水遊びをする前には水泳パンツになる
○砂遊びをするときには腕まくりをする
▶話　　す
○自分の要求を話す
○自分の意志を話す
○みんなに向かって話したいと思う
○ある事柄を伝える
▶聞　　く
○みんなに向かって話されていることが自分にも関係あると感じて聞く
○先生の話を最後まで聞く
○先生の話している内容を理解して聞く
○友達が話しているときにちゃんと聞いている
▶集　ま　る
○集まれという呼びかけに応じてすぐに集まる
○先生のまわりに集まる
○非常の合図のときには近くにいる先生の所に集まる
○集まって指示された並び方をする
○並んで歩く

▶待　　つ
○順番に配られている物が自分の所にくるまで待つ
○はじから順に何かをするときに自分の番がくるまで待つ
○自分のグループの番がくるまで待つ
○運動会で走るとき自分の走る番まで待つ
○運動会のときバラ組の番がくるまで待つ
○みんながそろうまで待つ
▶世話をする
○手伝ってねという呼びかけに応じてくる
○動物の世話
○将来世話をする活動に結びつくこと
▶力を合わせる
○一緒に物を運ぶ
○準備する
○片づける
○運動——つなひき・球入れ

3．生活行動の展開される場面

〈事例2-1〉　自分の物をさがし出す動きをめぐって

　登園するとすぐ，制服から活動着へと着がえる。降園する前には，その反対に，活動着から制服に着がえることが行われる。7月に入って，どうにかスムーズに行われるようになったが，4月，5月を中心に，6月半ばころまでは，毎日毎日が，まるで戦争のような騒ぎであった。
　カバン，帽子，制服の上着とズボン，活動着のシャツとズボン，肌シャツ，パンツ，靴下，上靴，タオル，水遊びが始まってからは，水泳パンツに水泳帽，体を拭くタオル，水泳用具を入れる袋などが，足の踏み場もないほどに散乱する。
　　C　活動着がない
　　T　カバンの中じゃないの
　　C　手さげ袋に入れてきたのに　手さげ袋がない　ここに置いておいたのに

そうした場合の子どものようす。
・ないないといって泣いているだけで自分でさがそうとはしない。
・さがさないだけでなく，さがしてくれるのが当然といった顔で催促してくる。それが最初のころは多かった。今も完全に消えたわけではなく，とかくそうした傾向になりがちである。

 T 自分で　さがしてごらん
 C だって　ないもん
 T 自分で　まずはじめさがしてみて　どうしてもなかったら先生さがして
   あげるから　さがしてみて
 C ないんだもん

ないことを主張するだけで，あくまでも自分でさがそうとはしない子ども，それが非常に多かったのが入園当初の姿である。初めは，仕方ないと考え，さがしてやったが，少しずつ自分でさがすよう働きかけていく。しだいに自分でさがしはじめるようにはなっていったが，さがし方は次のような状態であることが多かった。

 ・その場に立ったまま，あたりをひとまわり見わたすだけ。
 ・自分で置いたと信じている場所まで行って帰ってくるだけ。

さがし方を知らないのだ。

 ・落し物の山の中にあるかもしれないので，そこを見てくるようにというと，上から眺めるだけ。
 ・一つ一つ手にとって調べるようにというと，次から次へと手には持つが，見もしないでわきに投げすてるだけ。
 ・あちこち，さがしてごらんというと，キョロキョロ見わたすだけか一まわり歩いてくるだけ。

さがすということは，どういうふうなことをすることなのか，手にとって調べるということはどんなやり方をすることなのか，それこそ一人一人手をとって，実際にやってみせたり，側についてやらせてみたりしながら，わからせていくよう働きかけていく努力をしてみた。

まだまだ頼りたがる傾向は強いが，しかし以前よりは自分でさがす動きがみられるようになってきている。

以上の子どもの実態から，大きくは，2つのことが問題であると考える。その1つは，さがそうとするか，しないかといった，気持ち，つまりやる気の問題。2つめは，さがすというのはどういうふうにするのかといったことを知らない，さがす方法を知らないという問題である。
　私たち大人は，「自分でやりなさい」「自分でみつけてごらん」というような言葉を簡単に口にする。しかし，やり方がわからなければ，さがし方を知らなければ，実際には，やることも，さがすこともできない。できなければ，やろうとする意欲も失われてしまう。具体的な場面で，具体的に指導していくこと，それが大事であろうと考える。
　同時に，やってもらいつけている生活の仕方の癖，それがやる気を失わせる原因となっている場合もある。それは，ホイホイ，何でもやってもらっているというだけではない。「自分でやるように」といいながら，もたもたしている子どもの姿をみて，みていられなくなり，手を出してしまうということも原因となっている場合がある。子どもにしてみれば最後には，きっと，やってくれるという気持ちになるからである。
　片づけるという行為においても同じことがいえる。片づけないことが，物をなくす原因になっているわけだが，片づけることを知らない子どもが非常に多いように感ずる。つまり，片づけ方を知らないし，片づける必要性も感じていないのだ。
　さがしてくれということで，要求する気持ちは強いが，待っててねといわれても，待つことができないという子どもも多い。
　着る，脱ぐ，かぶる，はくなどといったことがうまくやれないということから，やる気を失わせ，片づけたり，さがしたりすることもやらなくなっているということもある。
　日常茶飯事として考えられていることの指導，それがどのように行われてきたかということ，そのことを考えることが，今後の問題を考えていく上でも大事であると痛感している。

〈事例 2-2〉　手伝ってねという働きかけに対する反応をめぐって
　積み木で遊んでいて，次に，ブロックで遊ぶというような場合，前に使って遊んでいた積み木を片づけてから，ブロックを使いはじめるというようなこと

は，子どもはしない。私たちのほうとしても，使った物を，その時その時，いちいち片づけてから，次の遊びに移るというようなことは要求していない。そうすると，当然のことながら，ある時間を経過すると，部屋中，遊具が一杯に散らかることになる。

　牛乳を飲む前や，お弁当を食べる前，帰る仕度をする前などに，散らかった遊具を片づける。

　「手伝ってね」という呼びかけをして，子どもたちと一緒に片づけていくことを奨励するようにしてみた。しかし，4月，5月は，こちらの働きかけに応じての動きは，ほとんど見られなかった。いや，全くないといってもいいほどである。

　「困ったな　これじゃァ　牛乳　飲めないんだけど」という言葉に対して，「ぼく使わなかったもん」という反応があればいいほうで，そうした反応もほとんどなく，無関心といった状態が長く続いた。仕方なく，私たちの方で片づけ，牛乳が飲めるよう準備していったのである。もちろん，テーブルを出し，椅子を並べての準備，ストローを牛乳ビンにさすことなどの動きに，手伝うということで反応してくることはなかった。

　ある日，たまたま，凸形ブロックの片づけをしてくれた子どもがでた。その時の子どもの意識としては，片づけることを楽しんでいるだけで，手伝う気持ちは，さほどあったわけではない。しかし，行動としてみられたことを取り上げることで，やった本人はもちろん，他の子どもたちにも，片づけることをすることが，大切なことであることに，気がついていくように仕向けたいと考えた。

　「手伝ってくれて，ありがとう助かったわ」といって，みんなの前で抱きあげる。同じようなことをそのあとまた行う。すると，数人の子どもの中から，手伝う動きが出はじめた。しかし，その子どもたちは，片づけているようすを，さかんに見てほしいと言いにくる。

　「ぼくね　だっこしてほしいから　やってんだ」「ぼくも」　ある日，ままごとを5〜6人の男の子たちで片づけながら言っているのを耳にした。「あたしストローかたづけたよ　だっこして」　そう，言いにくる子どもも見られるようになった。そこで，その日を最後に，抱きあげて，礼をいうことを取りやめ

ることにした。

　全員を集めて,「今から, みんなで片づけよう」と呼びかけてから, 片づけはじめたり, 帰る仕度に集まってきた子どもたちに向かって, 片づけるよう働きかけたりしていきながら, 少しずつ, 全員がやる方向へと働きかけていった。今では, ほぼ全員が, 遊具の片づけを行うことができるようになってきている。

　お弁当の仕度, 一斉に行う活動の準備なども, やる子どもがふえてきている。

　次々と遊びが移っていくときに, いちいち使った遊具を片づけていたのでは, 遊びの気分が中断され, 遊ぶことが面白くなくなると考えて, 子どもたちの自然の動きを大事にしたわけである。しかし, 片づけることの必要性を感じていくこととのかね合いが難しく, 考えてしまった。

　子どもの動きの認めを行うことも, 認められたいがためだけに行う活動に終わってしまってはまずい。ただ, 初期的段階としては, 多少認めてもいいように思う。ただし, いつ, 意識転換のための働きかけに切りかえるかが問題であろう。

　片づけ, 活動の準備, 動物の世話などといった行動を通して, 普通は世話をされる立場にある子どもが, 世話をする喜びを感ずるようになっていってほしいとも考えている。それは, 子どもたちの中に, 自分のことだけに目を向けるのではない, 自分以外の者に目を向けることのできる気持ちが育っていくために大事なことであると考えてもいる。つまり, 自己中心性の強い子どもの中に, かかわりの気持ちが育ち, 思いやる気持ちが育っていくための手がかりとして大事であると考えているのである。

　「手伝ってね」という呼びかけに対して, 子どもたちの反応が弱く, 手伝い行動がでてこなかったということは, 今までの生活の中で, やってもらうことに馴れていたため, 自分がやるということを知らないのではないかということが考えられる。自分でやることの必要性, 大切さに気がついていくよう働きかけていくことは, 今後, 大事であろうと考える。一学期の生活の中で, その働きかけが十分になされたかどうかということを考えてみると, 問題だと思う。

　たとえば, 片づけに関しても, やろうとしない子どもの動きを, 時期的に仕方がないと認めてしまったきらいが強い。もっと深く原因を追求していくことに欠けていたように思う。それが, 働きかけを弱めていった原因となっていっ

たと考える。今にして思えば，子どもが，片づけることをしなければ，そのままにしてほうっておき，牛乳が飲めなくなったり，お弁当が食べられなくなったり，帰れなくなることに気がつくような方法をとることも必要だったのではなかろうか。やることを働きかけていながら，結局は，やらなくて済むような状態を生み出してしまったように思う。

〈事例 2-3〉集まる・話を聞くことをめぐって

朝，出欠を調べたりするために集まる。帰り仕度をして集まる。みんなで一緒に何か活動をするために集まる。そうした時に，全員が揃うのに，非常に時間がかかる。みんなが待っているから急ごうという気持ちは，さらさらない。だから，遅くなっても悠然と着がえていたり，靴のはきかえをはじめたり，おしゃべりを楽しみながら靴下をはいたり，集まってくる気持ちがなく遊んでいたり，各自が，それぞれに，自分の気持ちのままに行動しているというのが実情である。特に，入園当初は，その傾向が強かった。日がたつにつれ，毎日の生活の中での体験を通して，少しずつ，全員が揃うまでの時間も短縮されるようになってきているが，個人差は，意識の問題はもちろんのこと，行動の仕方の上でも大きい。

しかし，この，集まるということ以上に難しいのが，みんなが集まった中で，みんなに向かって話される話を聞くということにある。初めのうちは，みんなに向かって話されていること，即ち，自分に向かって話されていることであるという受けとめをすることが，ほとんどの子どもができなかった。したがって，隣りに腰かけている友達と，話したくなればいつでもおしゃべりを始め，いつまでもしゃべっていたり，ふざけたくなれば，近くの席の子どもとふざけ始めたり，円になって腰かけている中央に出てきて，じゃれ合い，とっくみ合うことを始めたり，それをやめなければという気持ちがないため，際限なく続けていたりなどしている状態が多くみられた。

そのうち，聞こうとする気持ちが，少しずつ生まれ始めはしたが，人形を使って，人形に話をさせているときとか，自分が何かをもらえることの話がされるときとか，というようなことでないと聞こうとする気持ちになれない状態であった。また，知っていることが話されたり，話を聞いているうちに話したい気持ちになってきたりすると，話し始めたり，先生に話して聞かせようと出て

きたりという姿も多くみられた。

　6月末，プールでの活動が開始されるのをきっかけにして，話を最後まで聞いているようにという要求を，これまで以上に強く出しはじめた。陸上でも話が聞けないようでは，プールの中では余計に聞けなくなるし，そうすると，おぼれてしまうなど困ったことが起こるので，聞ける子どもでないと困るというようなことで，聞くことの必要性を話して，聞くことを要求したわけだが，大分，変化がみられるようになっていった。意識の上での個人差はまだまだ大きいが，行動的には，ほとんどの子どもが聞くという状態になることができるようになりはじめている。ただし，時間的な問題，つまり長さと話の内容に左右されるということは多い。

　集まるということにしても，話を聞くということにしても，家庭生活の中では経験することのなかったことが，園生活という場において必要なことが要求されるのであるから，できないというのも当然であろう。つまり，家庭においては，子どもたちは，自分のやりたいことを，やりたい時に，やりたいようにやってきているものと推察される。また，話も，母親と一対一で，しかも向かい合っているような状態の中で聞かされているということが多かったであろうと思う。ということは，大勢の中の一人という意識を持つ必要がなかったといえるのである。個人のペースで生活するのが当然であったのである。それだけに，意識の切り換えをしなければならない園生活は，子どもたちにとって大変な努力を要する場であったに違いない。

　人形を使ったり，子どもの興味に即した話を手がかりに，聞こうとする気持ちを育てていこうとしたことは大事なことではあったが，話を聞くことが，今は大事であると感じて聞くという気持ちを育てていくことには直接結びついていかなかった面もあったように思う。プールに入るためには，話を聞くことが大事であるというような経験を通して，ようやく必要性に気がつき始めたという面も多い。それは，子どもの特性からいって当然といえることである。

　自分が困るという経験や，喜びに通じていくような経験に結びついていく形で，集まるということにしても，話を聞くということにしても子どもの前に提示されなければならなかったのに，実際の場面においてはまだまだ十分でなく，今後，もっと，じっくりと検討していくことの必要性を感じている。

事例　3

〈コメント〉
　特にこの事例では，当番的活動のスタートのところを取り上げて，4歳児の事例をあげている。とかくすると，第2部のところでも問題にしたように，当番・係的な活動は子どもの生活行動の発展として生まれてくるのではなくて，先生からの押しつけとして行われる危険性を持つ。
　この事例は，子どもの中からどのように当番や係の活動となっていくようなものが生まれてくるか，そしてそれをいかに発生するように働きかけていくかということについての，具体的な実践事例である。これをそのまま，どこでも同じようにやるというのではなく，大事なことは子どもの中から，それぞれの子どもの生活を通して，当番・係的な活動がいかに生まれていくかを考えるということである。
　特に後半の実践の中における「気がついたことや問題となったこと」という点で，子どもたちに対してどのようなことを考えていくかという，保育者の配慮の点を注意して読んでもらいたい。
　　　　　　　　　　　　　　　　　　　　　　　　　　　　（大場牧夫）

当番・係的な活動の発足をめぐって
年少組（4歳児クラス）

（桐朋幼稚園）

1．はじめに

　2学期ともなれば，子どもたちも，ほとんどが，安定した生活を送れるようになってくる。自分のことだけで精一杯だった子どもたちの中に，ゆとりが生じ，まわりに目が向いてくるようにもなる。その時期が，当番的な活動や係的な活動の発足を考えていく上で大事であると考え，ゆさぶりをかけることにした。そのようすを記したのが，次の記録である。
　それにしても，なぜ，当番的な活動や係的な活動の発足を促す働きかけを考えたのであろうか。それは，自分たちの生活を，自分たちで営んでいくに必要な活動であると考えているからである。しかも，自分たちの生活を，自分たち

で営んでいくということは，園生活の主体者を子どもたちと考え，その主体性を重んじていこうとしている以上，当然のことでもあろう。つまり，当番的な活動も係的な活動も，そうした園生活を営んでいく上で，その支えとして，なくてはならない活動であると考えているのである。

　ところで，その発足の時期だが，早ければいいというものではない。子どもたちが，その必要性を感ずる時期を待つことが大事である。焦って，子どもたちの中に，必要感の生じないうちに発足させると，どうしても無理が生じ，かえって好ましくない結果を生み出す恐れも出てくる。つまり主体的に取り組んでいく活動として位置づかず，やらされる活動となっていくことが考えられるからである。発足の時期を考え，そのための根まわしを十分にしていくことは，当番的な活動や係的な活動を，自分たちの活動として子どもたちが受けとめ，取り組んでいくことを大事に考えていけるようになるために重要なことである。

　なお，ここでいっている当番的な活動というのは，全員が交代でやっていくものであり，希望者だけが交代でやっていく活動のことは，係的な活動とよんで区別している。

2．当番・係的な活動発足の流れのメモ

(1) 基盤となる行動

　生活行動が，その子なりにやれるようになっていること，あるいは，やろうとするようになっていることが大事と考える。

○自分のことは自分で
- 自分の身のまわりの物の処理——衣服の脱ぎ着，自分のロッカーや靴箱などの整理など
- 自分の物・持ち物の処理——連絡帳やお弁当の出し入れ，手紙や健康の記録などの持ち帰りなど

○自分で使った物の片づけ
- 使い終わったらすぐに片づける——ハサミ，クレヨン，不必要となった紙や，その他の素材，シャベル，絵本など

○自分は使わなかったが片づける

- みんなで，一緒に，散らかった部屋や園庭をきれいにする

(2) 手伝い行動へのゆさぶり

「手伝ってね」という言葉を使い，個人へ働きかけていった。（やる気へのゆさぶり）

働きかけの内容

○片づける
- 遊びの後の片づけ：遊具を片づける。使った素材，用具，道具（折り紙，ハサミ）を片づける。
- 課題活動の後の片づけ：使った物，材料，用具，道具（椅子，のり，ぬれタオル）を片づける。

○配る──１学期　興味から任意の手伝い行動への動きが今年は牛乳配りしかでてこなかった。
① 先生に配ってもらう
② 自分の分をとってくる
③ 好きな子の分を配る
④ 全員にという役割的意識を持って配る（当番活動の芽生え）

○世話をする
- 友達の世話をする（着がえの手伝い）
- 小動物の世話をする：モルモット，小鳥，カメ，ザリガニ

○用意する
- 課題活動の準備：テーブルセット（テーブル，椅子，ベニヤ板），活動に使用する材料，用具，道具（ハサミ，画用紙，のり，ぬれタオル）
- 集会のための椅子並べ
- お弁当の準備（テーブルセット）テーブル，テーブルクロス，椅子，フィンガーボール，タオル，ティッシュペーパー

○手伝ってくれた子の認め
- 紹介する　・だっこする

○手伝いがないと，生活に支障をきたす，手伝いがなかったために困った事が起きる，などの経験から，その必要感を感じさせていく。
- 片づけないと，お弁当が食べられない。

・片づけないと，帰れない。
・ハサミがなくて，切れないために，その活動ができない。
・誰も動物の世話をしないと，死んだり，病気になったりすることの確認。

(3) 子どもの興味性から発足した手伝い行動

▶牛乳配り

① 配られる――はじめのころは，保育者がちゃんと座って配ってもらうのを待つことを要求したために，自分で配るという動きがでてこなかった。子どもは，配ってはいけないと思っているようである。

② 配る――2〜3人の子に「配るの手伝って」と呼びかける。それを発端として，配りたい子がきて，配り始める。

③ 問題発生①――配りたい子が多いために，ぶつかって落としてこぼすということがたびたび起きる。子どもたちは持ち方が悪いためと考える。

④ 問題発生②――「では，牛乳を配って下さい」という呼びかけで，一斉に出てきて配り始める。

　O子　ぶつかって落す。牛乳がこぼれてしまう。
　子どもたち：「ちゃんと持っていなかったからだ」
　O子：「ちゃんと持っていたのに…」と泣き顔
　T（保育者）：「先生もO子ちゃんがちゃんと持っていたの見たけど，ぶつかって落としちゃったのね」
　H夫：「多すぎてじゃまなんだよな」（人数のこと）
　多すぎるという子と，ちゃんと持っていれば，落とすことはないという子に分かれる。

⑤ 当番活動の発足
　T：「じゃあ，ためしにみんなが出てきて配るのと，赤グループの4人だけ出て配るのと，どっちがこぼさないで上手に早く配れるかやってみよう」
　○みんなが出てきて配る。
　　・ぶつかって落とした。
　　・もらっていない子がいた。
　　・誰がもらっていないか，よくわからなかった。
　○グループ4人だけ出てきて配る。

・落としてこぼすことはなかった。
・誰がもらっていないかよくわかり，早く配れた。
・配り落としがなかった。
○ 1グループの4人だけで配った方が，うまくいくことを確認する。
　毎日同じグループが配るのでいいか（働きかけ）
○ 1グループずつ順番にやる。
　11グループの色のカードに穴をあけて，リングを通し，めくると次のグループの色がでてくるようにする。1番上に出ている色のグループが，その日の牛乳を配る当番であることを，子どもたちと確認。
○ 当番以外のグループは，配りたくても当番の日までがまんすることができるかどうか確認。
・最後のグループが終わったら，また最初にもどることを確認。
・その日の当番のグループの子に，印として，牛乳当番のバッジをわたす。仕事が終わったら自分で次のグループの子に，わたす。

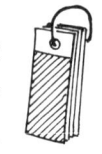

▶ 連絡帳配り
① 手伝って配る——早く着がえ終わったM子が，用意しておいてあった連絡帳を，せっせと配り始める。それを発端に，配りたい子が，どんどん配り始める。配りたいという気持ちが，かなり強いようである。
② 問題発生
・配りたいのに全然，配れなかった，という子
・「どこにいるのか，わからなかった」といって，連絡帳をもどしてくる子
・「まだ，もらってないよ」と言ってくる子
③ 当番活動の発足
　Y夫：「牛乳当番みたいに，今日は○グループってやればいい」
　T：「こういうやり方もあるよ。赤グループからは今日は誰，橙は今日は誰って，自分のグループの分だけを配るの」
　T：「じゃあ，どっちが早くうまく配れるか，やってみよう」と砂時計でかかる時間を計る。
　Tのやり方でためしにグループ表の1番上の段に名前の書いてある子が，配る。

- Tのやり方が、早く配れることが砂時計でも立証され、そのやり方に決まる。
- その日の当番の子には、グループ表に印としてクリップをとめ、グループの色のぞうさんバッジをわたす。
- 仕事が終わったら、自分で、クリップを下に名前の書いてある子のところにずらし、バッジをわたす。
- 1番下の段の子が終わったら、また1番上の段の子にもどることを確認。

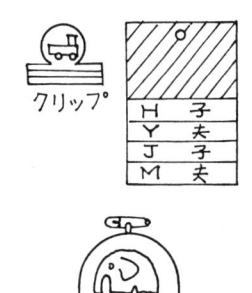

▶手紙配り

T：「手紙がたくさんあるんだけど、配るの手伝ってくれる人いるかな」
配りたい子、多数のため、配れなかった子、取り合って破く子、もらってない子、などがでる。
T：「どうしたら、うまく配れるかな」
N夫：「連絡帳の当番の人が、配ればいいよ」
この意見にみんな賛成、やってみてうまくいったこともあって、その後、手紙類は、その日の連絡帳当番が配ることになり、名前も、連絡帳当番からぞうさん当番に変わる（仕事の内容が多様化してきたため）

▶鉢花の水あげ

グループ所有のベゴニア
この花は全員で花屋まで買いに行き、グループの4人が、自分たちで選んで持って帰ってきた物である。
T：「せっかく買ってきたベゴニアだけど、誰かお水あげたかな。なんだかだんだん元気がなくなってきたみたい」
K夫：「お水あげればいいの」
T：「そうね、でもあまりあげすぎてもおぼれちゃってだめなんだ。このコップに1杯だけでいいんだけど、どうしたらいいかしら」
Y夫：「1人があげればいい」
T：「いい考えね。だけど1人で11コもお水あげるの大変よ。（鉢花11個並

べる）こうしたらどうかしら。赤グループのお花には赤のぞうさんがあげて，青グループのお花には青のぞうさんがあげるっていうやり方」

その場でやってみる。うまくいきそうということで全員賛成。ぞうさん当番の人が，朝来たら，グループの花に水をあげることになる。

▶その他，グループの仕事をする
○出欠を調べて，朝の集会で，言う。
○課題活動のとき，必要なものを，取りに行く。
○並ぶとき，グループの先頭に立ってそろっているか確認する。

(4) 当番活動化・係活動化への気がつき

○認め，世話行動の芽を育てる。
　・その日えさを持ってきてくれた子の名を書く。
　・その日世話をしてくれた子の名を書く。
　・日付を書き，毎日新しく白紙を上にはり足していく。
○確認──今日は誰もえさをあげていない。ザリガニはずーっとおそうじをしてもらっていない。
というところが白紙の状態から視覚的にハッキリわかるようにした。
○当番　係活動の発足
　T：「このままだと死んでしまうけど，どうしたらよいだろう」という働きかけ
　T夫：「今日は誰，明日は誰ってやればいい」
　N夫：「今日は○グループ，明日は○グループってやったらいい」
　・今まで世話をしてきた小動物を，すべて目の前に並べて，考える。
　　世話をするのに人数を要するもの（小鳥の世話を1人でやるのは大変ということを確認）と，1人でやっても十分やれるもの（カメなどはグループ4人もやる仕事がないことを確認）があることを確認
　・小鳥，モルモット

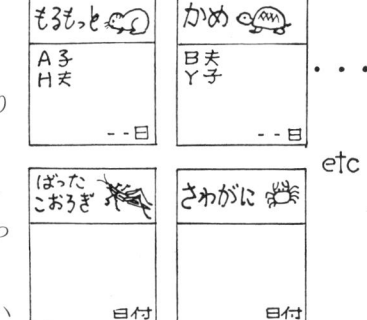

毎日交代でグループ単位に分担する当番へ。その日当番のグループ表の上に，それぞれの動物の絵を描いた印をかけておく。

当番のグループの子にはバッジとえさを入れる手さげ袋をわたす。仕事が終わったら，自分で，バッジと手さげ袋を次の当番の子にわたす。

・カメ，ザリガニ，ヤドカリ，サワガニ，カタツムリ，ゴマダラカミキリ，バッタ，コオロギ

希望者が毎日1人ずつ交代で分担する係へ。希望者の名をそれぞれの動物の印のついたカードに書き，リングでとめる。係の子には，バッジをわたす。仕事が終わったら，自分でバッジを次の子にわたす。

(5) 当番・係的活動発足当初の現象

○・M子は，その日モルモット当番だった。着がえてやろうとしたら，もう終わっていてできなかった。そこで，グループの4人がそろってから，仕事を始めることにする。

・A夫は，その日ヤドカリの係だった。着がえてやろうとしたらすでにK夫がやったあとで，できなかった。そこで，やりたい子はその日の係の子に聞いて，一緒にやるようにする。

・T子は，その日小鳥当番だった。4人そろってはじめたが，仕事がないと言ってくる。そこで，えさをとりかえる仕事，水をとりかえる仕事，新聞紙をかえる仕事，菜っ葉をやる仕事と4つに分けて，分担することにする。

このように，これまでの自由意識でやっていたことからの切り替えが，うまくできなかったり，係・当番活動の理解不足による実態がみられた。

○朝9:00の鐘がなるまでに仕事を終えること。

T:「朝のチリンチリンがなるまでに，お仕事終わるにはどうしたらいいかな」という働きかけ。

Y夫:「早く来るの」

D夫:「サッサと着がえる」

やる気のある子，ない子，意識・意欲の強い子，弱い子の動きの差が，ハッキリみられた。そこで，意識の弱い子に対して働きかけをしてみる。

・1人が来なかったために，そのグループみんなが，仕事することができな

かったことをハッキリさせる。
- モルモットの部屋の汚なさをみせる。
- ある程度手を貸し，今日は時間までにできたとほめる。
- グループの子に「おそい」とせめられる経験。
- クラスの一員として，やらなくてはならないという責任感にうったえる。

(6) 係・当番的な活動の消滅

T子：「きのうのえさが，まだあったよ」カメの世話をしながら，最近えさをあまり食べないのに，気がつく。
T：「どうして食べなくなったんだろう」
R子：「ちゃんとえさあげてるのに，ゴマダラカミキリが死んでる」
T：「どうして死んだんだろう」
2人の発見を取り上げ，全体に話す。
- カメ，ザリガニ，カタツムリ──冬眠の状態に入っていくことにより，えさを食べなくなる。したがって仕事がなくなるので，水を多目に入れて，あたたかくなるまで，そっとしておくことにする。
- バッタ，カマキリ，コオロギ──寒さによって死んでいく。草原のあたたかいところに逃がしてやることにする。こうして係として行っていた小動物の世話が必要なくなってしまったため自動的に係活動が一旦消滅してしまった。

(7) 新規係活動発足への働きかけ

○生活の中の問題(生活していくのに必要な活動)に目を向け，気がついていくよう働きかけをしていく。
- 朝，鉢花を外のゲタ箱の上に出す。
- 朝，窓を開けることが，朝早く来る子の中で定着し始めた。
- 牛乳のストローさし　穴をあけるところからわりと希望者の多い活動。
- 花びんの水のとりかえ　花びんのさし花がなくなると消滅してしまった。
- テラスはき，クレヨン整理　これは気がつくと行うが定着化していない。

これらの活動は現在呼びかけや認めを繰り返しているがまだ係活動へはもっていっていない。そして小動物の世話と違って必要感が実感を伴わないために係活動が難しいように思う。

3．実践を通しての気がついたことや問題となったこと

(1) 基盤となる行動の中で

▶子どもによって，生活行動の受けとめや取り組み方が異なる

○第1学期にチェックした生活行動が，確実に行われているかどうか，もう一度見直してみる必要がある。それは，子どもたちが安定した園生活を営めるようになるために大事であると同時に，一人一人の子どもの園生活を支えていく上でも大切であるからである。それが，その後いろいろな問題に関心を抱くようになっていったときには，その土台ともなる。当番活動や係活動の芽生えを促す鍵も，そこにあるものと思う。園生活を心地よいものにしていくための工夫も，それが手がかりとなると考えている。

○入園したてのころは，子どもたちの誰もが，自分のことだけで精一杯の状態であった。まわりに目がいかず，自分の生活に没頭していたといえる。しかし，それも園生活が安定していくための初期的段階としては，大事なことであると考える。支えや援助の仕方を考えていくことの必要もある。それによって，まわりへの関心の目も育っていくものと考えるからである。

○しかし，子どもによって，育っていくテンポが違う。生活行動の仕方や取り組み方も違う。そして，その違いを認めることが大事であり，その上にたって働きかけを考えていく必要があると思っている。

▶自分で使った物の片づけと自分は使わなかったが片づけるといった動きの中で生じてくる問題

○自分で使った物を自分で片づけるということは，毎日の生活を営んでいく上の原則である。しかし，すべての物を使うたびに片づけてから，次の活動に移っているのではない。使いっぱなしもでてくる。いや，使いっぱなしが必要であることもある。遊びの展開の中においては，特に言えることであろうと考える。いちいち片づけていては，遊びが盛り上がっていかないことが多いからである。すると，必然的におもちゃなどが散乱するといった状態となる。それを片づけようと呼びかけることが，自分は使わなかったが片づけることに結びついていくのである。

○今年の子どもたちの場合，みんなで一緒に片づけるという動きがかなり積極

的に行われていった。もちろん，初期のころは「それ，使わなかったもん」ということで，片づけることを拒否する動きも出た。そうした時，「お弁当を食べる」「牛乳を飲む」といった，子どもに魅力ある活動を手がかりに，片づけることの必要性を感ずるよう働きかけていったのである。

○自分は使わなかったが片づけるということは，子どもたちにとって当然の活動として位置づくようになったが，自分の使った物を片づけることとのかね合いの難しさにぶつかることもできた。どんな物でも使いっぱなしにするといった状況が多く見られるようになっていったからである。片づけることの必要感が鈍ってきたためであろうと考えた。

○自分で使ったら，すぐ片づける必要のある物は何なのか，なぜ，そうする必要があるのか，自分が困るという問題を手がかりに考えさせていくことを試みた。ハサミ，クレヨンなどの片づけがそれである。砂場のスコップ，カッターナイフ，ホチキスなどは放置すると危険であること，絵本などは破損しやすいことなども，必要性とのかかわりとして働きかけていくことを考えてみた。

(2) 手伝い行動への刺激

▶「手伝ってね」という働きかけに対する反応

○「手伝ってね」という働きかけに対して，当然，喜んで反応してくると考えていた。しかし，初めのころは，全くといっていいほど無反応であった。手伝うことに関心を示さなかったのである。興味がないというより，これまで，やってもらいつけていた子どもたちにとって，手伝うということは，どうすることかがわからなかったようである。そして，わからないからやる気にもならないというのが実情のようであった。

○そこで考えたことは，まず，手伝ったことが自分の喜びに結びついていくよう刺激していくことで，手伝うことへの興味にゆさぶりをかけていくということであった。それには，やったという動き，やれたという動きを認めていくことが大事であると考えた。

「手伝ってくれて，ありがとう。とても助かったわ」と認める動きをみんなの中で行うことにより，本人の自覚を促すだけではなく，まわりの子どもたちにも刺激を与えていくことも考えたのである。

○一時期，認められたいがために行い，ほめてほしいと要求してくる動きが目

立つようになっていった。しかし，それも，過渡的現象としては出てきて当然と考え，子どもの気持ちを満たしてやることを考えた。そのことによって，やがては，子どもたちの中に，本物のやる気が育ってくるものと考えたからである。

▶やる気
○ほめられたい，認められたいという気持ちは，子どもの素直な感情であり，大事にすることも必要であると考えた上で，少しずつ，やる気が育っていくよう，認められたいがための動き，ほめられたいがための動きから脱皮していくよう，その子の状態に応じて働きかけていくことを試みた。手伝うことの大切さに気がついていってほしいと考えたからである。

▶手伝うことの必要感への気がつき
○お弁当を食べたり，牛乳を飲んだりするためには，部屋が散らかっていてはきたない。片づけることが必要であるとの気がつきを促すための働きかけを行っていったり，ハサミやクレヨンがなくなると使うときに困ることに気がつくよう働きかけたり，モルモットや小鳥の世話をしていかないと，死んでしまうことに気がつくように仕向けていったりなど，自分の生活とのかかわりの中での気がつきを大事にしていくようにした。必要感を感じていくときの手がかりとして，わかりやすいと考えたからである。
○手伝わないと，生活に支障をきたすと考えられるようにもなっていくことを期待したが，そうした感覚は子どもの中に育っていかなかったようである。それより，手伝うことにより，早くお弁当が食べられるようになる，早く牛乳が飲めるようになるといった気持ちから，手伝うことの必要性を感じていったようであった。

▶手伝うことを楽しむ
○また，手伝うこと自体を楽しんでいる子どもの姿もあった。それは必要感から生じた動きではない。
○これは，手伝い行動を育てていく上での大事な問題であると考えている。興味や関心も，それが基盤となると考えるからである。

(3) 子どもの興味性から発足した手伝い行動の中で

▶子どもたちが自分からやり始める

○牛乳配りや連絡帳配りは，子どもたちにとって，非常に魅力ある活動であったようだ。しかし，始めのうちは，やりたくてもやれない状態にあった。生活のけじめということに，あまりにも重きを置きすぎていたために，きちんと待つことが要求されていたからである。そこには，自分から動き出す余地がなかった。それに気がついて「手伝ってくれる」と声をかけることを，牛乳配りのときに試みてみた。そこで始めて子どもたちも，やってもいいのだなと感じたようである。

○連絡帳配りは，M子の，やりたくて，ついやり始めてしまったという動きを認めたことによって始まった。これも，もし，M子の動きに気がつかなかったり，認めることをしなかったりしたならば，子どもたちの中で，自主的な行動として育つこともなかったろうと考える。

○この動きが出たことをきっかけとして，鉢花の水やり，手紙配りなどもやりたいといってきたり，やり始めたりするようになっていった。

▶生活のけじめとしての行動のきりかえと，手伝う動きの認め，やりたい気持ちの認めとのかかわり

○希望者がやりたいがために行動している段階においては，全体的に非常に落ちつかない状態となる。そのことのほうを問題と感ずる気持ちのほうが強いと，つい子どもの動きを規制してしまいがちになる。それは，自主的な行動の芽生えを抑えてしまうことにもつながる。

○子どもが活動していく場合，初めから，すっきりと展開していくものではない。もたもた，もたもたしながら，試行錯誤しつつわかっていくことのほうが大事なのである。そのことを，しっかりと心にとめて，これからの子どもたちの動きを，見つめていこうと考えた。

(4) 当番活動化・係活動化へ

▶希望者多数のためやれない子どもが出て不満が生じた

○「連絡帳，配ろうと思ったのに，なくなっていた」「牛乳を配る相手がいない」などといった問題が出て，子どもたちの中から不満の声が上がった。そこで，どうしたらいいか考えていって，「替わりばんこにしよう」との意見が生まれ

のである。
○特に連絡帳は，グループの印がついていることとのかかわりで，グループの中から一人ずつ交代に配るというようになっていった。
○手紙配りや，グループの花の鉢も，自分のグループとの結びつきの強いものであったことから，連絡帳を配る者が一緒にして取り組むことになった。
▶大勢でやったために困ったことが生じた
○ほとんど全員が牛乳配りを行うために，ぶつかってこぼすことが出た。しかし，子どもは原因を配る人数が多すぎるためとは考えず，こぼした子どもの持ち方が悪いためだと言ってせめる行動に出た。そこでこぼした子どもに持ち方の確認をしたり，こぼしたときの状況を確めたりしながら，原因を明確にしていくよう働きかけていった。その上で，先生だってごちゃごちゃした中で配れば，こぼすこともあることを実際に行って証明してみせた。そのことから，子どもたちも，ようやく，人数の問題に気がついていった。
○希望者の交代制，グループ単位の交代制，両方の意見が出されたが，希望者の場合，人数処理がうまく考えられなかったために，グループ単位で試しに行ってみることになった。一人一人が慎重に行動したこともあって，うまく行うことができ，グループ単位の交代制つまり，当番活動とすることに決定したのであった。
▶誰も世話することのない日が続く
○小動物の世話を手伝う動きが出なくなったときを機会に，先生も子どもたちの前では世話することをやめ，「これでは動物は死んでしまうがどうしよう」，「モルモットはゆり組に帰りたいといっている」といった働きかけを行ってみた。そのことをきっかけとして，うまく世話する方法を考えていき，当番活動として位置づけていったり，係活動として位置づけていった。

(5) 当番・係活動発足当初の現象
▶当番・係活動の理解不足
○「やろうとしたけど，もう，やることはない」「誰かが，やっちゃった。本当は，ぼくが，やる番なのに」などといった声が，当番活動や係活動に切り替わった当初は，よく子どもたちの中から出た。これまで，やりたい子が，やりたい時にやっていたため，そこからの切り替えのできない子どもがみられたので

ある。個人の自由意志を尊重することと役割分担とのかかわりの難しさを感じた。
○役割分担の意識を育てていくことは大事にしながらも，個人の自由意志も大切にしたいと考え，担当の子どもに手伝いを申し出て，その子と一緒にやるような働きかけをしていってみた。係活動の場合は，その動きが，かなり後半までみられたが，当番活動の場合は，すぐに消えてしまった。係活動は個人と個人との結びつきでかかわりが持てる，つまり，係活動を分担しているその日の子どもが一人であるため，意気投合しやすいという状況がみられた。それが手伝う動きを支えていたようである。しかし，当番活動は，飼育の仕事の場合はグループ単位に分担していたため，4人のかたまりの中に入りにくいということと，4人で十分に仕事をこなすことができるため，手伝おうとしてもやることがないということもみられたからのようである。
○当番活動は，4人が一緒に行うことに意味があるのだが，やりたい時にやってきた癖が抜けなかったり，当番活動の意味が十分に理解されていなかったりして，全員が揃わないうちに活動が開始され，終わってしまうというようなことがよく見られた。それにしても，4人揃うということは，揃うことの大切さがわかってきた時点においても難しいことであった。それは，一人一人の取り組みの姿勢，やる気，責任意識とのかかわりが深いからである。

(6) 係活動の消滅の中で

▶虫類の死亡　カメやザリガニの冬仕度などで世話する動物がいなくなる
○秋が深まるにつれ，それまで世話してきていたバッタやカミキリムシなどが死んでしまうといった現象がでてきた。カメやザリガニも餌を食べなくなった。そのため仕事をする必要がなくなってしまった。係活動は，持ち込まれてくる虫類，カメ・ザリガニ・ヤドカリ・カタツムリなどを飼うことで支えられてきていたのだが，それらの小動物の世話がなくなることで，活動も消滅していってしまった。個人のやる気が大事にされる活動だけに，なくしてしまうことは問題だと考えた。
○昨年の場合は，小鳥の世話が係活動として位置づいていたために，一年間，活動は消えることなく続けられていった。そのため，係活動の中味を考える必要性を感ずることがなかった。今年の場合，仕事がなくなり，係活動が消滅す

るという事態が起こったために，このままでいいのだろうかとの疑問が生じてきた。その疑問をめぐっていろいろと考えてみることによって，係活動の内容や質，取り上げ方の問題についても考えが及んでいったのである。いい機会に恵まれたともいえる。うっかりすると，現象に押し流され，検討しなおすことがなくなってしまうことのほうが多くなる。その危険性をしみじみと感ずる機会ともなった。

(7) 新規係活動発足への働きかけの中で
▶自分たちの園生活の見直し
○係活動を新しく発足させることを考えてみた。その手がかりとして，自分たちの園生活の中の問題に目が向いていくよう働きかけていくことにした。自分たちの生活を自分たちで営んでいくために必要な活動として考えることがしやすいのではないかと思ったし，そうした活動として位置づけていくことを強調したいとも思ったからである。
○生活の中の活動は，係活動化していくことが，かえって難しいことを感じた。小動物の世話と違って，必要感に結びつくことが難しいためである。花の鉢を外に出すことも，テラスを掃くことも，その他，どの仕事をとっても，やらなければ困るということを実感として感ずることは，子どもの生活に支障のでるほどにはならないからである。実感が伴わないために，必要感も盛り上がっていかないのである。

事例4

〈コメント〉

　この実践ではいろいろな「ごっこ」というものが，集団化を育てる大事な内容となっているけれども，特にここでは，バザーがきっかけとなって，そのバザーの経験をもとに，子どもたちが魚釣りごっこをしはじめる。そして，やがてそこから劇的な活動が展開されていくという事例である。

　とかくすると，「劇活動」という言葉のもとに，先生にせりふを教えられて展開していくような場合が多いけれども，ここでは子どもがこの劇ごっこというものを通して，物事を創り出していく活動をしていることを見つめていく必要があるだろう。それは最後には仲間に見せるというような意識にまで高まり，そしてかなり子どもたちが積極的に動き出しており，いかにこの活動が子どものものになっているかということを知ることができる。決してこの活動はスムーズに展開しているのではないけれども，その活動の発展の中に子どもがいかに自分たちで問題を解決しながら，物を自分たちで作りながら進んでいくかということをうかがうことができる。

　事例4-2の「家作り」は，一つの幼稚園が全体として活動しようとした計画的な家作り活動で，ねらいとしては思いきりスケールの大きな遊びを経験させ，そして年齢の違う子どもたちもクラスというものを乗り越えて，たてよこのつながりを持ちながら展開していくことを願った，非常にダイナミックな活動である。

　そして保育者も，その活動をいかにスムーズに展開させるかということを考えながら働きかけているけれども，そこにまたおのずとそれぞれの年齢の子どもにふさわしい活動を，子どもは始めていっている。スケールの大きな活動，保育者の願い，計画，意図と，子どもがそれを受けて立って，また自分なりに活動を展開し，子どもたちなりのかかわりの中にその活動を展開していくことが実際にあるということを，この事例から読み取ることができるだろう。

　また，同じようなテーマを与えたときはやはり年齢差というものはあるのだということは考えなければならない。そして一つのこのような活動の場合にも，それぞれの子どもたちがどのような経験をそれまでにしているか，何がいま当面している課題に子どもたちを立ち向かわせていく力となっているのかということを考えなければならないと，この事例は指摘している。

（大場牧夫）

≪事例4-1≫ 劇場ごっこ
5歳児クラス（期間：11月10日～12月10日）
（白梅学園幼稚園）

　子どもたちの遊びをみていると，毎日さまざまなごっこが行われており，繰り返して遊ばれている。4歳児ころのごっこは人数も少なく，組織的な遊びには発展しにくいが，これが5歳児になると集団の高まり，遊びの質の発展に伴って，かなり組織的な遊びがみられるようになる。遊びをそこまで発展させていくべきであると思うし，遊びがそうなるためには，保育者の指導が必要であることはいうまでもないことである。次の実践例は，ごっこ遊びから発展した組織的な遊びの例である。

1．劇場ごっこの発展経過（その1）

⑴　魚つりの経験を契機にして

　年に1回母親たちの力を結集して行われるバザーと，子どもの作品展が行われた数日後（11月10日）に，子どもたちがバザーで経験した魚つりを再現して遊ぶことが，クラスで流行した。その翌日には，7人の子どもたちが猫のお面をつけて，ダンボール箱を舟にして魚つりをして遊びはじめた。

　　I　「魚つりに行こう。ニャオー，ニャー，ニャー……」
　　Y　「あーらくちん！」
　　みんな　「ニャーニャー」
　　Y　「あっちは，島だからねー」
　　I　「こっちは海なんだから，Nちゃん印つけてー」
　　N　「あーらん，あらしがきたァー」
　　I　「舟がしずんじゃったのね。たすけてェー」
　　Y　「みんなしんじゃったのね」

　そこでお墓が出現し，どんどん話が発展して1時間も遊びが継続される。
　翌日も同じ形式で遊びがはじまり，新たに犬が登場して，それぞれの登場人物に名前がつく。場面もお墓からお寺へと広がっていくにしたがって，話も広

がって面白くなる。

　少しずつ場面を変えては，毎日50分ぐらいずつ遊びが継続されていた。他の遊びをしていた子どもたちもだんだん，「何の劇をしてるの」「○○ちゃん，何の役なの。○○ちゃんは………」と関心を示して，メンバーに加わってくる子も増え，お客の数も日ごとに多くなってくる。

(2) 100だいばあさん出現する

　劇ごっこがはじまって，4，5日経ったころ，I男が自分の家で作ってきたらしい着物を着ている。女の人のお面をつけ，がらがらどんごっこ用のマントを着て棒を持っているので，保育者が，何の役なのかを尋ねてみた。

　I　「ぼくは，女の人の絵がうまいから，お家でお面を作ってきたの。100だいばあさんのお面なんだよ」
　t　「100だいばあさんて，なに？」
　I　「それはね，天国に住んでいる100だいばあさんのことなの。Nちゃんがきのうぼくのうちにきてね，それでおはなし作ってね，ぼくはお面を作ってきたの」
　N　「そうなんだよ，せんせいはこのイスに座って，さ，劇をはじめますよ。お客さんになる人は，はやくしてください」

　どうやら，I，Nのところで話がまとまったらしい。劇のメンバーが初めの7人から11人になる。100だいばあさんが出現して，どんな話が展開されるかと期待していたが，劇の途中までいって，

　H　「Iちゃん，まだ100だいばあさんこないの」
　I　「いま，まだできないんだよ。きょうは，まだうまくいきません。あそびたい人はあそんでください」
　Y　「ね，Nちゃん，畳もいるから，それも作んなきゃなんないの」
　N　「じゃ，きょうは道具づくりの日にしまーす」

　ということで，途中から場面設定へのイメージが湧いてきて，劇遊びまではいかなかった。

　次の日，100だいばあさんの家の場面設定を整えた後で，また遊びが続行された。そして，100だいばあさんが踊りをする場面があるが，それにつられて，新しくメンバーに加わった何人かの女児たちが，キャッキャッ騒いで満足してい

た。が何人かの男児たちにとってはそれが不満だったらしく，ブツブツ文句を言いながら後片づけをはじめる。

　これは，劇ごっこに対する子どもの要求水準の違いの現れである。そこで，保育者は，中心になっている3人の男児に，サゼッションをしておく必要を感じて，新しい仲間に対して，劇の内容をあらかじめ教えておくことの必要性を話した。

(3) 劇を見せるという意識が高まり，対象を園全体に広げる

　劇の仲間は，おのおの分担して小道具作りに取り組む。I・Y・Kの男児3人は魔法の杖の修理。女児たちはI・Yの指示を受けて動物村の標識作り。そして，場面を動物村と天国という構成でセットして再び劇がはじまったが，昨日の失敗を契機にして，動物たちの遊びの内容が変わってきた。混乱しそうなところが，混乱の起こらないように整理されてきていた。総勢13人が参加し見事な劇遊びを見せてくれた。不参加は5人だけとなる。

　劇を見せる日が11月20日に決まって，みんなでかいたポスターを園のあちこちに貼り出す。「たか2くみです。げきをやります。みにきてください。100だいばあさんのげきです」といった内容のポスターである。ところが，劇を見せる日の前日になって，それまで中心になってリードしてきた3人の男児のうち，Y男が休み，KもIも風邪ひきで医者に行って大幅に遅刻するという事態が発生した。それによって，10日間も継続して遊んでいた劇がなかなかはじまらない。他のメンバーは絵本をみたり，レールセットを持ち出したり，あるいは黒板に落書きをしたり，指人形をいじったり，標識を書き直している子もいれば，うさぎになってはねまわっている子もいるが，それぞれ人待ち顔で集中していない様子である。その時，S，MがKのやってくるのをみつけ，「Kくんがきたぞー」「オーイ」「よし，むかえに行こう」と外にとび出していく。みんなもそれに続く。外遊びをしていた仲間もかけつける。

　　T　「Kくん，外でライダーごっこをしよう」
　　S　「えっ，Kくんは劇のことをしなきゃならないんだからね」
　　T　「なんだよ，また劇か，劇きちがい」
　　S　「なんだと，きちがいとはなんだよ」

　そこで保育者が仲だちになっておさめ，Tにも劇に加わるようにすすめる。

T 「せんせい，何の役なの」
t 「ね，わたしは何の役になったらいいかしら，そうだわ。その相談もまだしてないんじゃないの」
N 「せんせいはね，お客さんでしょ。おぼえておいてくださいよ」
T 「ぼくたちも，そんならお客さんになってやっから，なーUちゃん」

ということで，I，Yがいないので急きょ出しものが「がらがらどん」に変わってはじまった。今まで全く参加しなかったT，U，Taらもトロル役のCのそばにぴったりとくっついてCに声を合わせている。

こうして，今日はI，Yの核を失いつつもピンチヒッターに「がらがらどん」を選んだことで，劇ごっこの面白さを保つことができた。また，はじめて全員で参加できた。これによって，さらに劇への盛り上がりができ，全員でさらに劇に必要な道具や装置作り，切符作り，会場作りなどに取り組んだ。

(4) 当日予期せぬ事件が起きる

ポスターに責任をもっているC君が今日も一人でポスターを追加していたが，突然部屋に入ってきてシクシク泣き出したので，みんなが心配して理由を聞いている。それによると，たか1組にポスターを貼ったら，べたべた貼るなって文句を言われたとのこと。これを聞いた子どもたちが，口々に，「よし，やっつけてこよう」と怒っている。

そこで保育者が，ポスターを貼るときに断わって貼らなかったのはよくなかったこと，そのことを話して了解してもらうべきであることを説明した。その後ですぐに3人の男児が出かけていき，「たか1でも，ごめんねだってさ」と気をよくして戻ってきて，開場の準備をすすめる。みんな興奮している。やっと切符が出来上がった。

H 「わたしが切符をわたす人になったのよ」
N 「ならんでくださーい」

並んでいた順に劇場の切符を渡して座席へ。途中でHが不機嫌になってふくれる。

「これからたか2くみの劇をやります。さいごまで静かにみてください」

司会者の言葉で幕を開けたが，舞台ではメンバーが揃わない。H，Cも不機嫌な顔で黙っている。興奮ぎみのYが，「ぼくは，犬のタローになります」と一

人で自己紹介をはじめ，おどけた格好をして，わざと尻もちをついてみせる。それをみて客席は，ワァワァと笑い声。調子にのったYがまた尻もちを繰り返す。Iが「あ，もうだめだー」といって舞台の上に寝ころぶ。客席のみんな歓声をあげる。Iがすぐに起き上がって「あ，だめだけどぼくだけで踊ろう」と踊り出す。Sも「あー，めちゃめちゃだ。踊りにしようぜ」とすてばち気味もあって，舞台の上で体を動かして発散させている。客席の年中少の子どもは，一緒になって寝ころんだり，キャキャと興奮しているが，年長の子どもたちは，「なにやってんのかわかんない」「はやくはじめて！」という不満の声で騒然となる。そこで保育者が収拾に出て，劇の終わりを告げて解散にする。年長の子どもたちからは，「たか２くみのうそつき！」「うそつきのおおバカヤロー！」といった罵声があびせられる。劇の会は失敗に終わった。

　すぐに保育者のよびかけで，なぜ失敗したのか話し合う。
　　t　「みんなからあんなこと言われてくやしくないの。先生はくやしいやら
　　　　残念やら，もう涙が出そうだわ」
　　I　「でも，それはいわれてもしょうがないの」
　　Y　「めちゃくちゃ劇になっちゃったんだから」
　　t　「なぜこんなことになっちゃったの」
　　K　「それはねー，HちゃんもCちゃんも猫の役なのに本番のときに出てこ
　　　　ないんだもん」
　　t　「Hちゃんはどうしてやめたの」
　　H　「あのね，わたしが最初切符をあげてたでしょ，そしたら，たか３くみ
　　　　のKちゃんがぼくがやるって，わたしの切符をとり上げちゃったの」

(5)　**失敗は成功のもと今度はうまくやろう**

　保育者の誘導で，おやつも返上して話し合いがすすめられ，なぜ失敗したのか，その原因を子どもたちから出させて，しっかりと受けとめさせる。失敗の原因として確認されたこと。
　・その時になって急にやらないと言い出したから。
　・みんな調子にのってふざけたから。
　・Yちゃんが尻もちついたのはよくない。
　・切符係でない人が勝手に別の切符を作ったから混乱した。

- 何の係かよくわからなかった。
- キャップがいなかった。

こんな話し合いの中で，Yが「今度，ぼくがキャップになるからもう一度劇の本番をしよう」と提案。ほとんどが賛成する。あまり乗り気でない子どもには，その理由を確かめて，とにかく全員参加で取り組むことに一致した。そして，先生がキャップをやりたいという申し出も受け入れられて，今度こそは立派に成功させようという意気込みで，一人一人が取り組みはじめた。

相談の結果，次のような役割があげられ，希望によって全員で分担することになった。
- 劇がかり　　・切符がかり　　・ポスターがかり
- 司会がかり　・道具がかり　　・歌がかり

そして，次の劇をする日を12月10日に決定する。

2．劇場ごっこの発展経過（その2）

劇場ごっこを設定してからは，保育者が指導性を発揮して，1日の主な活動として劇への取り組みを位置づけた。子どもたちは相変わらず，許される時間を使って100だいばあさんの劇ごっこを続けていた。ストーリーは二転三転しながらも，それぞれの役割を楽しんでいる。分担した係の仕事も，それぞれが前の失敗を確認し合いながら着実に準備をすすめている。当日までの4日間を全面的に準備期間として設けた保育者の指導意図としては，

① それぞれが，どんなことをするかという見通しと作業の手順を一人一人把握させる
② ストーリーを共通理解の上に統一しておく

以上をねらいとして，そのための話し合いと確認を行ってきた。

"いよいよ本番"

9時にはすでに部屋の入口に4人の切符係が待機している。司会のN，S君も時間待ちにウロウロしている。9時30分開場，年長・年中・年少の子どもたちが集まってきた。

司会役のN君の登場

「大変お待たせいたしました。これから100だいばあさんの劇をやります。

さいごまで，ごゆっくりとごらんください」

　続いて出場者の自己紹介があり，終わると同時にS君が前に出てきて，「劇がはじまります。いま夜です」の言葉。この"いま夜"は，ハプニングだったので，歌がかりのE君と保育者が，夜の情景を出すために，とっさにわらべ歌の"よるのうた"をうたう。

　こうして，本番のスタートは好調で，100だいばあさんとがらがらどんの劇をスムーズにやって，見事に本番を成功させることができた。劇が終わったとき，子どもたちの口から，「今日は100だいばあさんの死ぬ前をやって，それから死んだ後もやったんだよー」とのこと。本番前にかなりきちんと相談して，ストーリーを確認していても，実際には子どもたちは，その時々の感覚で動いているといえる。自分たちが面白ければよいといった段階を卒業してはいない。だから，見ていた子どもの中に「せんせい，ぼく，ほんとはあきちゃった」と担任に耳うちしながらも，騒ぐこともなく，その場の雰囲気に支えられて最後まで見る側としての役割を果たしていた。失敗を契機にした保育者の適切な指導が本番を成功させることになった。指導の大切さを教えている。

≪事例4-2≫　家づくり
4歳児クラス・5歳児クラス（時期：10月初〜中旬頃）
（白梅学園幼稚園）

1．はじめに

　私たちが，園内で遊びの研究をしていくうちに，まず子どもたちの遊びの実態を知る必要を感じて，園での遊び，家庭での遊びの実態を調査してみた。その結果，家庭での遊びの問題として，
- 集団遊びが少ない。
- 思いっきり遊べる場所が少ないせいか遊びのスケールが小さい。
- 変化に富んだ遊びができない。
- 作り出す遊びができない。

・汚れるような遊びをしない。
　などが明らかになってきた。これらの問題をふまえて，園での遊びを指導していく上での課題として，
① 体を十分に動かしたダイナミックな遊びの指導
② 豊富な遊びの紹介
③ 空間を十分に使いこなせるような環境設定
④ 異年齢集団での遊び
⑤ 横のつながりをもって，遊べるような遊びの設定
　などを考えていかなければならないことが確認された。この中から，特にダイナミックな遊びを経験させていきたいとの意図から，古材を使っての家作りの活動を4歳児クラスと5歳児クラスに設定して，実践してみることになった。こうした活動の経験を，さらには子どもの遊びを豊かにしていくものとしてとらえたからである。
　実践の方法として，
　・園庭の好きな場所にグループごとに作る。
　・グループの人数は6～7人とし，生活グループ単位で，一つの遊べる家を作る。
　・材料はベニヤ板，角材のほか，箱車など必要なものは何でも使ってよい。
　・全員参加し，1週間おいて2回実践する。

2．家づくりの実践

(1)　2年保育4歳児クラス

　作る前に，保育者がどこに，どんな家を，どのように作るかを説明してからはじめた。グループのメンバー6人中，2人が熱中している程度で，他の子どもは，何をどうやっていいのかわからず，ウロウロしているか，まわりで砂いじりなどをして遊んでいた。材料置場から園庭まで材料は運んでくるが，そこで満足してしまって，つぎに「こうしよう」「ああしよう」という会話はなく，バラバラなイメージで，材料を運ぶことだけが共通の目的となっているようである。重い材料を運ぶときも，"おもい""もてない""とげさした"など，ちょっとしたことから中断してしまう。仲間とのかかわりが弱いので，何かあると

すぐに「せんせい，もって」「せんせい，これやって」「せんせいできない」と保育者を頼って，自分では工夫しようとしない。どうにか作ったものは，平面でL字型に板を並べただけのものだったが，子どもたちは満足していた。それでも作り上げたグループはまだよいが，5グループ中3つのグループは，途中から遊び出してしまって完全にグループが崩壊し，家作りの目的が達成できなかった。

(2)　3年保育4歳児クラス

グループ意識は，かなり育っているので，全員が「○○グループのうちを作るんだ」という目的をはっきり持って取り組んでいた。また，子どもどうしのかかわりも強いので，「てつだって」「うん，てつだってやるよ」といった会話も多い。会話の中でお互いにイメージを共通にしていっているようだ。「これかべにしようぜ」「やねもってこようよ」と話しながら，重い屋根にする板を3人で必死に持ち上げている姿もみられる。

1回目は外に出てから家の場所を決めたが，2回目は室内で，場所を決めてから作りはじめた。2回とも，どのグループも作る場所は，ジャングルジム，うんてい，小さな山のトンネル，鉄棒といった具合に，材料を立てかけるのに都合よい場所を選んで作っていた。ふだん電車にして遊んでいるいくつかの大型の箱車も横倒しにして支えるのに使っている。このように板を立てかけやすい場所を選んでいたことや，全員が参加して取り組んでいたこともあって，1時間以内で完成させることができた。

もちろん中には，目的はわかっていながら勝手に作る子どもも何人かいて，まわりの子どもから注意されるといった場面もみられた。どのグループの家にも床と屋根があって1カ所入口があり，そこから出入りしている。おやつも家の中で食べたりして楽しんでいた。

(3)　5歳児クラス

1回目は，室内でグループごとに作る場所と必要な道具（ノコギリ，クギ，ガムテープ，ひもなど）を確認してから作りはじめた。さすがに5歳児ともなると，グループ意識，目的意識は強く，全員明確な目的をもって取り組んでいる。もちろん，勝手なことをしている子どもは1人もいない見事な共同作業をしている。材料を運ぶ段階で，「これまどにしようぜ」「これはドア」「これはやねにし

よう」と共通理解し合って，手早く仕事がすすめられる。ところが，4歳児クラスと違って，5グループ中の3グループが，板を支える何もない場所に作ることになっていた。それで，一体どのように作るのかが非常に興味があった。材料を運び終わったら，まずどのグループも同じように，角材を使って柱を立てることからはじめたのは意外だった。柱が何本も必要なので，まず同じ長さに切る作業からはじめ，つぎは柱を立てる作業である。穴を浅く掘っているので，何回立ててもすぐ倒れてしまうことから，さらに穴を深く掘るなど相当苦心していたようである。

　相当時間をかけて，やっと柱を立て，まわりをベニヤ板で囲み，床と屋根らしきものをのせて完成となったが，失敗を繰り返しているうちに，柱を立てることをあきらめたグループもいくつかあった。相当な時間をかけて作った割には，4歳児と比較しても決してそれより優るようなものではなかった。

　やっとのことで，出来上がったときには1時間30分も経過しており，あまり遊ぶ時間もないまま時間切れとなって終わらざるを得なかった。

　2回目に作るときは，さすがに1回目の経験から，鉄棒，山のトンネル，ジャングルジムなど支えのある場所を選んで作っていた。家といっても，床と周囲四方に板を立てかけ，屋根も板をのせただけの簡単なもので，30分ぐらいで作り上げていた。時間が十分にあったためか，2回目はどのグループも家の中に，椅子，テーブル，テレビ，電気，電線，窓，お風呂など内装に凝っていたのが特徴的である。また，完成した後の遊びがさかんで，他の家とも交流しながら遊びが行われていた。お弁当もグループごとに家の中で食べることになった。

　予測としては，作る過程で，4歳児とはちがったダイナミックさがみられるのではないかと，勝手な期待を持っていたが，結果は，まったくそうではなかった。柱とか内装といった細かい部分に意識が集中して，そこに時間をかけていたのは期待はずれだった。

3．実践の反省

―4歳児―
みんなで協力し合って，一つのものを作るという経験がほとんどなかった。

特に2年保育の子どもの場合は，クラスでやっと3〜4人のなかよしができた段階で，クラスのどの子どもにも目が向けられるようにはなっていない。それにもかかわらず，「生活グループで作る」ことを規定されたために，グループ内での意志の疎通が希薄だった。

このような活動の前に，もっと共通のイメージが持ちやすい積み木を使って，作る，組み立てる経験が必要である。また，集団で遊ぶ経験も，もっとさせるべきである。

古材を使うならば，いきなり「家」とか「人数」を規定せずに，自由に作りたいものを，作りたい人と作るといった経験を事前にさせておく必要があったのではないか。

ー5歳児ー

4歳児とちがって，「家」という概念がはっきりしているために，家には，床と屋根があり，それには柱が必要だという思考から作業がはじめられたのではないか。一方，「2階もあるんだよ。だけどぼくたちにはできないや」といったように，見通しがあるために，かえってできなかった部分もあったようだった。子どもたちは，家を作っているところや，屋根を修理しているところをほとんど見たことがない。家を作っている現場を実際に見せるということが，この活動の前には必要だったのではないか。また，ダイナミックさをこの活動に要求するならば，素材を吟味する必要があるし，それに即応した技術を身につけさせることも大切である。

4．おわりに

実践の結果から，保育者の見通しの甘さや固定的で勝手な期待をかけたりといったような，さまざまな問題も浮きぼりにされたが，この活動の面白さも知ることができた。

また，一つのテーマを与えて活動させる場合に，保育者はつねに，その前には，子どもたちにどんな体験をさせるべきかを，もっと微視的に吟味しておく必要を感じさせられた実践だった。

事例5

〈コメント〉

　年少と年長とのかかわりということは，集団づくりの中で必ず取り上げられる問題である。場合によっては，一つのクラスを年齢をまぜて，「たて割り保育」というような言葉を使っているやり方もある。この事例は，一応学級編成はよこ割りを前提にしているが，その上に立って，たてのかかわりをどのように持ち，育てていくか，あるいはそのことが園生活にとってどのような意味があるのかということについて考えさせる事例である。

　年長になったという子ども，年長組の意識は年少組のめんどうを実際にみていくということによって具体化され，そして年少組にとっては初めての園生活というものが，年長組の一対一の世話によって安心感をもってつながりを持ち，それを手がかりとして園生活に入っていくことができるのである。

　ただやさしくめんどうをみるとか，そういうことを要求するのではなく，このように実際にチャンスをつくっていくということが子どもにとっては必要なことであり，パートナー方式がもし園生活のスタートのところだけではなくて，その後どのように発展させていくかを考えることも，付随して出てくる問題であろう。

（大場牧夫）

パートナー方式による園生活のスタート
―― 年少・年長組のかかわり ――

（桐朋幼稚園）

1．はじめに

⑴　「パートナー方式」ということ

　ここ数年来，年長組の子どもと年少組の子どもとが，一対一でかかわり合うような展開の仕方について考えてきた。そして，そのかかわり合う相手のことを「パートナー」とよんでいる。しかも，その「パートナー」は，入園式前に，年長組の子どもが選んで決めるのである。相手の年少組がどんな子どもか知らずに選んでいる場合が多いため，二人のかかわりが「どうもしっくりいかない」

ということも，時々みられる。それでも，昨年度までは，一度決めた相手は，最後まで(1年間)変えないできた。今年は，2学期になってから時期を見て変更することを考えている。それも，今度は年少組にも選択権を与え，年長組と年少組とが了解し合ってパートナーになり合うようにすることを考えている。

　ところで，パートナーどうしである二人のかかわり方と，その内容は，どんなものなのか。

　出会いは入園式の日。登園してくる年少組を玄関で迎えてくれた年長組は，靴箱・ロッカー・タオルかけなどの場所や使い方について，教えてくれたり，遊び相手になってくれたり，トイレの面倒をみてくれたりした。つまり，一対一の関係で，園生活を営んでいくに必要なことを年長組の子どもが年少組の子どもに教えてくれた。

　この「パートナー方式」によって，年少組の子どもたちは，早く安定した園生活が営めるようになるのではないかと考えたし，年長組の子どもたちにとっては，年長組意識を高める刺激となると考えた。それとたてのかかわりを深めていくこともねらっていた。その成果については後ほど述べてみたいと思う。

(2) オープンの日々

　4月13日（金）から5月12日（土）までの1カ月間，オープン活動ということで，年長組と年少組とが交わり合っての生活を展開してきた。ただ内容的には変化を考えて行っていたが。

4月13日（金）～14日（土）

　自分の場所がわかることを中心に考えてのかかわり方をしていくようにした。

4月16日（月）～21日（土）

　活動着に着がえての生活に入ることもあって，身のまわりの処理や，オシッコ，ウンチ，水を飲むことなどができるようになること，靴のはきかえ方や処理の仕方がわかるようになっていくことなど，園生活に必要な基礎行動ができるようになっていくことを考えた。それと同時に，遊びのオリエンテーションをしていくことも考えた。つまり，こんな遊具がある，こんな遊び方がある，こんな面白い遊びができるといったようなことを知っていてほしいと思った。その上にたって，団体行動ということについても，少しずつ考え

ていくよう働きかけていった。

4月23日（月）～5月12日（土）

牛乳を開始すると同時に，それまで，登園時刻が年長組より30分遅かったのをやめ，同じ9時に登園するようにした。遊びの中味としては「ごっこ」を中心（お店ごっこ……飴屋・写真屋・砂ダンゴ，乗物ごっこ，遊園地ごっこなどを予測）にしていきながら，遊びの場を広げていく（ゆり組の部屋にも行くように）ことを考えた。また，年長組と年少組が合同で絵本読みや，作る活動，運動，音楽，あるいは誕生会や遠足などを行って，活動状況を広げていくことも考えた。

以上のように「オープンの日々」で経験を通して，園生活の仕方がわかっていくとともに，「幼稚園て，楽しいところなんだな」ということを知って生活していくようになることをねらっていた。

(3) オープンの日々の間の一日の流れ

絵本読みや作る活動，誕生会など，課題に向かう活動を行うとき以外は，登園してより牛乳を飲む時間まで（牛乳飲用が開始前は，帰りの身支度をするときまで），自由に遊んでいた。年長組の子どもたちは，年少組の子どもたちが，牛乳を飲んで帰るために集まり始めると，年長組の部屋へ引きあげていく。

2．年少組の動き

(1) たてのつながりの側面としては

年長組に対する意識として，例年にない動きがみられた。親しみの気持ちが，いつになく強いだけでなく，これまでだと，時がたつにつれ，エライとか，コワイとかいった気持ちが生じてくるのに，今年の場合は，同格的意識をもって，対等に動いていこうとする姿が出てきた。

これは，4月23日（月）のできごと。

年長組のK男が困った表情をしてとんできた。

「先生，年少組の女の子が，ぼくにいじ悪するんだよ」

思いがけない言葉に，思わず，「え!?」と聞き返してしまった。

「あのね，ぼくがG君と遊ぼうとすると，じゃまして，ぼくのこと，いじめるの」

「どの子が」

「ほら，あそこにいるちっちゃい子。あの女の子が，ぼくにえばるの」

見ると，それはＰ子だ。その横にはＧ男もいる。それで納得。さもありなんと思った。Ｇ男はＰ子の大好きな友達。一人じめしたいのだ。それなのに，Ｋ男がＧ男を取ろうとする。だからＰ子は怒っているのだ。

「いじめるって，どんなことするの？」

「ぶったり，けったり，つきとばしたりするんだよ」

真剣な表情で訴えるＫ男。そのＫ男を気の毒には思うものの，その場の状況を想像すると，ふきだしたくなってしまった。

Ｐ子は，多分，これまで育ってくる生活の中で，何事も思いのままであったろうと思われる子ども。それだけに，何も恐れる者はなかったろうとも思われる。そのＰ子にとって自分の大事な友達であるＧ男と遊ぼうとするＫ男の出現が，がまんならなかったのだ。そこで，ほほをふくらませ，口をとがらせて，向かうところ敵なしの勢いでＰ子はＫ男につっかかっていったのだ。Ｐ子は，比較的小つぶな上，可愛がられて育ってきただけに，あどけなさも感じられる子ども。Ｋ男の方は，どちらかというと，背も高く，がっちりとした体格の子どもだ。にもかかわらず，Ｐ子の勢いにＫ男はたじたじとなり，ついに逃げ出して，保育者に助けを求めてきたのだ。

さて，どうしようかと，一瞬，考えた。話してわかり合えることではないと思ったからだ。多分，二人の性格，考え方から推測して，Ｐ子にはＫ男の気持ちが，Ｋ男にはＰ子の気持ちが，理解できないだろうと思ったのである。

「あのね，あの女の子，まだ，いろんなことがよくわからない子なの。だから，がまんしてくれる？」

怒ったような，情けない顔をしているＫ男に，それだけを言った。つまり，Ｐ子の行為を，大目に見てほしいとのみ言ったのである。するとＫ男は，「わかった」という顔になり，「うん」といって走りさっていった。

しばらくするとＧ男をはさんで，Ｐ子とＫ男と，それに２～３人の子どもも加わって，スベリ台で遊びはじめた。うまくいっているのかなと思って，気にもしないでいると，突然，Ｋ男が悲鳴をあげてすっとんできた。

「Ｐ子ちゃんが，シャベルでぶったんだよ。危ないっていってもきかないの」

そこで，すぐシャベルを取り上げ，「危ないから，やってはいけない」といって注意すると，「わかった」とＰ子はすぐに答えてきた。しかし，それは口だけで，本当にはわかってないように感じた。
　案の定，少したつと，またＫ男が訴えてきた。
　「Ｐ子ちゃんね，また，ぶったの。今度は，棒でぶつんだよ」
　Ｐ子は棒を片手に，Ｋ男の方をにらんでいる。
　「ぼくがＧ君と遊ぼうとすると，すぐＰ子ちゃんは怒るんだよ。そして，ぼくをスベリ台からつき落とそうとするの」
　要するに，Ｇ男はＫ男のパートナー。だからＧ男に対してパートナー意識を発揮して，なんとか一緒に遊ぼうとしているのだ。ところが，Ｐ子には，そのＫ男の気持ちが通じない。それどころかＧ男を一人じめしたい気持ちの強いＰ子にとって，Ｋ男は，じゃま以外の存在でしかないのだ。もっといえば，敵といえる存在なのだ。だからこそ，なんとかして追いはらおうとするのだ。そのために，攻撃もいろいろと仕掛けてくる。ところが，そのことがＫ男には通じない。通じないからこそ，なんとしてでも，パートナーとしての責任を果たそうと，涙ぐましき努力をしているのだ。そこで摩擦が生じてきているのだ。
　「もう，あの二人，ほっておいて，ほかのところで遊んでもいいわよ」
　Ｐ子にやられても，がまんしているＫ男のようすと，パートナー意識を強くもち努力しているようすに，Ｋ男が気の毒になり，そう言った。
　「Ｋ君がどうしてもＧ君と遊びたいっていうんだったら別だけど」
　そうつけ加えると，Ｋ男は，「ううん」と答え，ホッとした表情になって，年長組の大勢いる方に向かって走っていってしまった。
　それにしても，驚いていることは，Ｋ男のようすだ。以前のＫ男の姿からは想像できないことだから。つまり，年少組時代のＫ男は，非常に自己中心性が強く，いつでも，どこでも，なんでも，「自分」を主張していたからだ。
　「それ　ぼくの」「ぼく　やりたい」「ぼくのどれ」「ぼくのなくちゃやだ」「そんなの　ずるい　それじゃぁぼくのがない」
　「ぼくのは」「ぼくのは」「ぼくが　１番」
　いつでも，いつでも，そう主張していた。それなのに，そうしたＫ男とは思えないほど，見事な変革ぶり。よくぞ，よくぞ，たいしたものだと感心してし

まった。ここまで意識が変化したことに驚いてしまった。それだけに，P子がG男を一人じめにしたがっているとは言えなかった。いじらしく，けんめいに，K男が努力していることがわかるだけに，言うに忍びない気がしたのだ。そして，またP子にしても，G男にしても，K男のいじらしさが，わかるものでないことも，感じていた。

　以上のことは，今年の年少組の，全般の傾向ともいえることだと思う。つまり，年長組を年長児として見ていないということである。頼りがいはあっても，自分に対等の単なる「友達」として受けとめている。そうなったのも，両クラス混合でスタートしたための一応の成果とみなしていいのではないか。ただし，年長組には年長組としての自覚がある。摩擦や衝突が生じることも，そのためにあることも確かである。それを見のがさず，適切な対処の仕方を考えていくことは，今後のたての結びつきの問題を考え，育てていく上で大事なことだと思う。

　そして，7月，1学期も終わろうとしているころ，年長組と年少組とのかかわり方に，変化が見えてきている。年長組と年少組というたての意識が生じてきているように思えるのだ。たとえば，以前だったら年長組が遊んでいる中へでも，平気で，恐れることなく入っていけたのが，抵抗を感じて，二の足を踏むようになってきているし，年長組の部屋に行くことをも，コワイと感じるようになってきているようだ。

　そうした変化が見られるようになってきたのは，いつかということで考えてみると，クラス別の生活力が主軸になってきたあたりからのように思える。年長組は年長組のペースが，年少組は年少組の差が目立ってきた。それが原因で，かかわり方にも変化が生じてきたのではないだろうか。そして，そのことが，良いか悪いかということは，すぐに評価すべきではないだろう。子どもの動きを，じっくりと見つめていきながら，今後どうすべきか，望ましい方向をさぐっていきたいと考えている。

(2)　**園生活への適応**

　パートナー方式で園生活をスタートしてみて感じていることが，たてのつながりの側面だけでなくもう一つある。それは年少組の調子に，年少組の動きに，影響を与えている問題である。それは，園生活への適応が早かったということ

である。生活的な面でも，遊ぶということに関しても，手がかからず，スムーズに行われていった。毎年みられるようなもたつきが，今年はあまり見られなかった。

　たとえば，「着がえ」ということで見ると，初期のころ，登園を渋る子どもの，大きな原因となっていることが，よくあった。子どもたちにとって，大変な仕事だからだ。毎日，毎日，悪戦苦闘し，その上，遊ぶ暇もなくなる。そうしたことの連続に，子どもたちは耐えられなくなってしまうのだ。ところが，今年の場合，そうしたことが見られなかった。初めのうち，ずっと年長組のパートナーが面倒を見てくれていて，着がえの手伝いをしてくれていたからだ。年少組の子どもの中にはカカシのごとく，ただ，つったっているだけで，自分では何もしないといった動きも出た。しかし，そうしながらも，着がえの要領を少しずつ覚えていき，年長組がやってくれなくなってきたころには，あまり，抵抗を感ずることなく，やれるようになっていたのである。

　ハンガーの扱い方，靴のぬぎ・はき，トイレの使い方など，毎日の生活を営んでいくに必要な基礎行動を，一対一のかかわりによって，戸惑うことなく身につけていったように思う。そうしたことによって，子どもたちは，安定した園生活を，かなり早い時期から営むことができるようになっていったようにも思う。

　遊ぶということ，それも，パートナーとのかかわりの効果が大きかったように思う。例年，かなり長い期間，遊びを自分でみつけられず，保育者のまわりをうろうろしている子ども，金魚の糞みたいについて歩いている子どもというのが非常に多いのだが，今年の場合は，そうした例はあまりなく，ほとんどが，スムーズに遊びに入ることができた。その上，動きも大きく，遊び方もうまいというか，自分なりの遊びを自分なりに行っていくことができたのである。

　「先生　遊んでェ！」
　「先生　何かしよう！」
　「先生　どうすんの！」

　そうした言葉を毎日聞かされ，自分で遊びを探そうとしたり，工夫して作り出していこうとしたりすることのできない子ども，そうした子どもを見ることが多かった例年だったが，「おはよう」といって登園するが早いか，すぐさま，

自分の遊びに熱中しはじめる子どもであることが，今年の場合は多かった。それも，パートナーが，毎日のかかわりの中で，遊具を使うということや，いろいろな遊びを，いろいろなところで，いろいろに展開していくということを，一緒に遊ぶということを通して行ってきてくれたためではないかと思う。それによって遊ぶことの面白さ,楽しさを知ることができたのではないかとも思う。つまり年長組と一緒に遊んできたことを手がかりに，自分の遊びをみつけ，自分で展開していくことができるようになっていったのだと思う。

　たとえば大型積み木。立体的に組み立てるということは，普通なら1学期も後半か，2学期にならないと見られない。それが，今年は初めからそうした動きが見られた。それも，年長組が遊び相手になってくれていたとき，大型積み木を使う場合は，立体的に組み立てていたからではないかと思う。一緒に遊ぶ中で，見おぼえ，そして，そういう使い方をした方が遊びを楽しくできることを体験的に知って，同じような動きを，自分たちだけでも行おうとするということが，出てきたのだと思う。つまり，遊び方や遊ぶ楽しさ，遊べる喜びを，年長組とのかかわりの中で知り，身につけていったのだと思う。それが遊べる子どもにしていった原因だと思うのだ。

幼稚園教育要領（抄）
〈人間関係〉
文部科学省（平成29年3月31日告示）
（平成30年4月1日施行）

付　録〈1〉

> 他の人々と親しみ，支え合って生活するために，自立心を育て，人と関わる力を養う。

1　ねらい
　(1)　幼稚園生活を楽しみ，自分の力で行動することの充実感を味わう。
　(2)　身近な人と親しみ，関わりを深め，工夫したり，協力したりして一緒に活動する楽しさを味わい，愛情や信頼感をもつ。
　(3)　社会生活における望ましい習慣や態度を身に付ける。

2　内　容
　(1)　先生や友達と共に過ごすことの喜びを味わう。
　(2)　自分で考え，自分で行動する。
　(3)　自分でできることは自分でする。
　(4)　いろいろな遊びを楽しみながら物事をやり遂げようとする気持ちをもつ。
　(5)　友達と積極的に関わりながら喜びや悲しみを共感し合う。
　(6)　自分の思ったことを相手に伝え，相手の思っていることに気付く。
　(7)　友達のよさに気付き，一緒に活動する楽しさを味わう。
　(8)　友達と楽しく活動する中で，共通の目的を見いだし，工夫したり，協力したりなどする。
　(9)　よいことや悪いことがあることに気付き，考えながら行動する。
　(10)　友達との関わりを深め，思いやりをもつ。
　(11)　友達と楽しく生活する中できまりの大切さに気付き，守ろうとする。
　(12)　共同の遊具や用具を大切にし，皆で使う。
　(13)　高齢者をはじめ地域の人々などの自分の生活に関係の深いいろいろな

人に親しみをもつ。

3　内容の取扱い

上記の取扱いに当たっては，次の事項に留意する必要がある。

(1)　教師との信頼関係に支えられて自分自身の生活を確立していくことが人と関わる基盤となることを考慮し，幼児が自ら周囲に働き掛けることにより多様な感情を体験し，試行錯誤しながら諦めずにやり遂げることの達成感や，前向きな見通しをもって自分の力で行うことの充実感を味わうことができるよう，幼児の行動を見守りながら適切な援助を行うようにすること。

(2)　一人一人を生かした集団を形成しながら人と関わる力を育てていくようにすること。その際，集団の生活の中で，幼児が自己を発揮し，教師や他の幼児に認められる体験をし，自分のよさや特徴に気付き，自信をもって行動できるようにすること。

(3)　幼児が互いに関わりを深め，協同して遊ぶようになるため，自ら行動する力を育てるようにするとともに，他の幼児と試行錯誤しながら活動を展開する楽しさや共通の目的が実現する喜びを味わうことができるようにすること。

(4)　道徳性の芽生えを培うに当たっては，基本的な生活習慣の形成を図るとともに，幼児が他の幼児との関わりの中で他人の存在に気付き，相手を尊重する気持ちをもって行動できるようにし，また，自然や身近な動植物に親しむことなどを通して豊かな心情が育つようにすること。特に，人に対する信頼感や思いやりの気持ちは，葛藤やつまずきをも体験し，それらを乗り越えることにより次第に芽生えてくることに配慮すること。

(5)　集団の生活を通して，幼児が人との関わりを深め，規範意識の芽生えが培われることを考慮し，幼児が教師との信頼関係に支えられて自己を発揮する中で，互いに思いを主張し，折り合いを付ける体験をし，きまりの必要性などに気付き，自分の気持ちを調整する力が育つようにすること。

(6)　高齢者をはじめ地域の人々などの自分の生活に関係の深いいろいろな

人と触れ合い，自分の感情や意志を表現しながら共に楽しみ，共感し合う体験を通して，これらの人々などに親しみをもち，人と関わることの楽しさや人の役に立つ喜びを味わうことができるようにすること。また，生活を通して親や祖父母などの家族の愛情に気付き，家族を大切にしようとする気持ちが育つようにすること。

保育所保育指針（抄）
〈人間関係〉

厚生労働省（平成29年3月31日告示）
（平成30年4月1日施行）

付　録〈2〉

　第2章：保育の内容　で示された「ねらい」及び「内容」を纏めると以下のようになる。
（各年齢に示されている基本的事項とは，発達的な特徴と関わり方のポイントでもある）

	乳児（0歳児）	1歳以上3歳未満児	3歳以上児
基本的事項	ア　乳児期の発達については，視覚，聴覚などの感覚や，座る，はう，歩くなどの運動機能が著しく発達し，特定の大人との応答的な関わりを通じて，情緒的な絆が形成されるといった特徴がある。これらの発達の特徴を踏まえて，乳児保育は，愛情豊かに，応答的に行われることが特に必要である。	ア　この時期においては，歩き始めから，歩く，走る，跳ぶなどへと，基本的な運動機能が次第に発達し，排泄の自立のための身体的機能も整うようになる。つまむ，めくるなどの指先の機能も発達し，食事，衣類の着脱なども，保育士等の援助の下で自分で行うようになる。発声も明瞭になり，語彙も増加し，自分の意思や欲求を言葉で表出できるようになる。このように自分でできることが増えてくる時期であることから，保育	ア　この時期においては，運動機能の発達により，基本的な動作が一通りできるようになるとともに，基本的な生活習慣もほぼ自立できるようになる。理解する語彙数が急激に増加し，知的興味や関心も高まってくる。仲間と遊び，仲間の中の一人という自覚が生じ，集団的な遊びや協同的な活動も見られるようになる。これらの発達の特徴を踏まえて，この時期の保育においては，個の成長と集団としての活動の充実が図られるようにしなければならない。

	乳児（0歳児）	1歳以上3歳未満児	3歳以上児
基本的事項		士等は，子どもの生活の安定を図りながら，自分でしようとする気持ちを尊重し，温かく見守るとともに，愛情豊かに，応答的に関わることが必要である。	
	イ 本項においては，この時期の発達の特徴を踏まえ，乳児保育の「ねらい」及び「内容」については，身体的発達に関する視点「健やかに伸び伸びと育つ」，社会的発達に関する視点「身近な人と気持ちが通じ合う」及び精神的発達に関する視点「身近なものと関わり感性が育つ」としてまとめ，示している。	イ 本項においては，この時期の発達の特徴を踏まえ，保育の「ねらい」及び「内容」について，心身の健康に関する領域「健康」，人との関わりに関する領域「人間関係」，身近な環境との関わりに関する領域「環境」，言葉の獲得に関する領域「言葉」及び感性と表現に関する領域「表現」としてまとめ，示している。	イ 本項においては，この時期の発達の特徴を踏まえ，保育の「ねらい」及び「内容」について，心身の健康に関する領域「健康」，人との関わりに関する領域「人間関係」，身近な環境との関わりに関する領域「環境」，言葉の獲得に関する領域「言葉」及び感性と表現に関する領域「表現」としてまとめ，示している。
	ウ 本項の各視点において示す保育の内容は，第1章の2に示された養護における「生命の保持」及び「情緒の安定」に関わる保育の内容と，一体となって展開されるものであることに留意が必要である。	ウ 本項の各領域において示す保育の内容は，第1章の2に示された養護における「生命の保持」及び「情緒の安定」に関わる保育の内容と，一体となって展開されるものであることに留意が必要である。	ウ 本項の各領域において示す保育の内容は，第1章の2に示された養護における「生命の保持」及び「情緒の安定」に関わる保育の内容と，一体となって展開されるものであることに留意が必要である。

	乳児（0歳児）	1歳以上3歳未満児	3歳以上児
〔ねらい及び内容の見出し，及び主旨〕	イ　身近な人と気持ちが通じ合う 　受容的・応答的な関わりの下で，何かを伝えようとする意欲や身近な大人との信頼関係を育て，人と関わる力の基盤を培う。	イ　人間関係 　他の人々と親しみ，支え合って生活するために，自立心を育て，人と関わる力を養う。	イ　人間関係 　他の人々と親しみ，支え合って生活するために，自立心を育て，人と関わる力を養う。
ねらい	（ア）ねらい ①　安心できる関係の下で，身近な人と共に過ごす喜びを感じる。 ②　体の動きや表情，発声等により，保育士等と気持ちを通わせようとする。 ③　身近な人と親しみ，関わりを深め，愛情や信頼感が芽生える。	（ア）ねらい ①　保育所での生活を楽しみ，身近な人と関わる心地よさを感じる。 ②　周囲の子ども等への興味や関心が高まり，関わりをもとうとする。 ③　保育所の生活の仕方に慣れ，きまりの大切さに気付く。	（ア）ねらい ①　保育所の生活を楽しみ，自分の力で行動することの充実感を味わう。 ②　身近な人と親しみ，関わりを深め，工夫したり，協力したりして一緒に活動する楽しさを味わい，愛情や信頼感をもつ。 ③　社会生活における望ましい習慣や態度を身に付ける。
内容	①　子どもからの働きかけを踏まえた，応答的な触れ合いや言葉がけによって，欲求が満たされ，安定感をもって過ごす。 ②　体の動きや表情，発声，喃語等を優しく受け止めてもらい，保育士等とのやり取りを楽しむ。	①　保育士等や周囲の子ども等との安定した関係の中で，共に過ごす心地よさを感じる。 ②　保育士等の受容的・応答的な関わりの中で，欲求を適切に満たし，安定感をもって過ごす。	①　保育士等や友達と共に過ごすことの喜びを味わう。 ②　自分で考え，自分で行動する。

	乳児（0歳児）	1歳以上3歳未満児	3歳以上児
内容	③ 生活や遊びの中で，自分の身近な人の存在に気付き，親しみの気持ちを表す。 ④ 保育士等による語りかけや歌いかけ，発声や喃語等への応答を通じて，言葉の理解やなん発語の意欲が育つ。 ⑤ 温かく，受容的な関わりを通じて，自分を肯定する気持ちが芽生える。	③ 身の回りに様々な人がいることに気付き，徐々に他の子どもと関わりをもって遊ぶ。 ④ 保育士等の仲立ちにより，他の子どもとの関わり方を少しずつ身につける。 ⑤ 保育所の生活の仕方に慣れ，きまりがあることや，その大切さに気付く。 ⑥ 生活や遊びの中で，年長児や保育士等の真似をしたり，ごっこ遊びを楽しんだりする。	③ 自分でできることは自分でする。 ④ いろいろな遊びを楽しみながら物事をやり遂げようとする気持ちをもつ。 ⑤ 友達と積極的に関わりながら喜びや悲しみを共感し合う。 ⑥ 自分の思ったことを相手に伝え，相手の思っていることに気付く。 ⑦ 友達のよさに気付き，一緒に活動する楽しさを味わう。 ⑧ 友達と楽しく活動する中で，共通の目的を見いだし，工夫したり，協力したりなどする。 ⑨ よいことや悪いことがあることに気付き，考えながら行動する。 ⑩ 友達との関わりを深め，思いやりをもつ。 ⑪ 友達と楽しく生活する中できまりの大切さに気

	乳児（0歳児）	1歳以上3歳未満児	3歳以上児
内容			付き，守ろうとする。 ⑫ 共同の遊具や用具を大切にし，皆で使う。 ⑬ 高齢者をはじめ地域の人々などの自分の生活に関係の深いいろいろな人に親しみをもつ。
内容の取扱い	上記の取扱いに当たっては，次の事項に留意する必要がある。 ① 保育士等との信頼関係に支えられて生活を確立していくことが人と関わる基盤となることを考慮して，子どもの多様な感情を受け止め，温かく受容的・応答的に関わり，一人一人に応じた適切な援助を行うようにすること。 ② 身近な人に親しみをもって接し，自分の感情などを表し，それに相手が応答する言葉を聞くことを通して，次第に言葉が獲得されていくことを考慮して，楽し	上記の取扱いに当たっては，次の事項に留意する必要がある。 ① 保育士等との信頼関係に支えられて生活を確立するとともに，自分で何かをしようとする気持ちが旺盛になる時期であることに鑑み，そのような子どもの気持ちを尊重し，温かく見守るとともに，愛情豊かに，応答的に関わり，適切な援助を行うようにすること。 ② 思い通りにいかない場合等の子どもの不安定な感情の表出については，保育士等が受容的に受け止めるとともに，そうした気持ちから立ち直る経験や感情をコ	上記の取扱いに当たっては，次の事項に留意する必要がある。 ① 保育士等との信頼関係に支えられて自分自身の生活を確立していくことが人と関わる基盤となることを考慮し，子どもが自ら周囲に働き掛けることにより多様な感情を体験し，試行錯誤しながら諦めずにやり遂げることの達成感や，前向きな見通しをもって自分の力で行うことの充実感を味わうことができるよう，子どもの行動を見守りながら適切な援助を行うようにすること。 ② 一人一人を生かした集団を形成しながら人と関わる力を育てていくようにすること。その際，集団の生活の中で，子どもが自己を発揮し，保育士等や他の子どもに認められる体験をし，自分のよ

	乳児（0歳児）	1歳以上3歳未満児	3歳以上児
内容の取扱い	い雰囲気の中での保育士等との関わり合いを大切にし，ゆっくりと優しく話しかけるなど，積極的に言葉のやり取りを楽しむことができるようにすること。	ントロールすることへの気付き等につなげていけるように援助すること。 ③　この時期は自己と他者との違いの認識がまだ十分ではないことから，子どもの自我の育ちを見守るとともに，保育士等が仲立ちとなって，自分の気持ちを相手に伝えることや相手の気持ちに気付くことの大切さなど，友達の気持ちや友達との関わり方を丁寧に伝えていくこと。	さや特徴に気付き，自信をもって行動できるようにすること。 ③　子どもが互いに関わりを深め，協同して遊ぶようになるため，自ら行動する力を育てるとともに，他の子どもと試行錯誤しながら活動を展開する楽しさや共通の目的が実現する喜びを味わうことができるようにすること。 ④　道徳性の芽生えを培うに当たっては，基本的な生活習慣の形成を図るとともに，子どもが他の子どもとの関わりの中で他人の存在に気付き，相手を尊重する気持ちをもって行動できるようにし，また，自然や身近な動植物に親しむことなどを通して豊かな心情が育つよ

	乳児 （0歳児）	1歳以上 3歳未満児	3歳以上児
内容の取扱い			うにすること。特に，人に対する信頼感や思いやりの気持ちは，葛藤やつまずきをも体験し，それらを乗り越えることにより次第に芽生えてくることに配慮すること。 ⑤　集団の生活を通して，子どもが人との関わりを深め，規範意識の芽生えが培われることを考慮し，子どもが保育士等との信頼関係に支えられて自己を発揮する中で，互いに思いを主張し，折り合いを付ける体験をし，きまりの必要性などに気付き，自分の気持ちを調整する力が育つようにすること。 ⑥　高齢者をはじめ地域の人々などの自分の生活に関係の深いいろいろな人と触れ合い，自分の感情や意志を表現しながら共に楽しみ，共感し合う体験を通して，これらの人々などに親しみをもち，人と関わることの楽しさや人の役に立つ喜びを味わうことができるようにすること。また，生活を通して親や祖父母などの家族の愛情に気付き，家族を大切にしようとする気持ちが育つようにすること。

幼保連携型認定こども園教育・保育要領（抄）
〈人間関係〉

内閣府／文部科学省／厚生労働省
（平成29年3月31日告示）
（平成30年4月1日施行）

第2章 ねらい及び内容並びに配慮事項
第1 乳児期の園児の保育に関するねらい及び内容
基本的事項
1 乳児期の発達については，視覚，聴覚などの感覚や，座る，はう，歩くなどの運動機能が著しく発達し，特定の大人との応答的な関わりを通じて，情緒的な絆（きずな）が形成されるといった特徴がある。これらの発達の特徴を踏まえて，乳児期の園児の保育は，愛情豊かに，応答的に行われることが特に必要である。
2 本項においては，この時期の発達の特徴を踏まえ，乳児期の園児の保育のねらい及び内容については，身体的発達に関する視点「健やかに伸び伸びと育つ」，社会的発達に関する視点「身近な人と気持ちが通じ合う」及び精神的発達に関する視点「身近なものと関わり感性が育つ」としてまとめ，示している。

ねらい及び内容
身近な人と気持ちが通じ合う
〔受容的・応答的な関わりの下で，何かを伝えようとする意欲や身近な大人との信頼関係を育て，人と関わる力の基盤を培う。〕
　1 ねらい
　　(1) 安心できる関係の下で，身近な人と共に過ごす喜びを感じる。
　　(2) 体の動きや表情，発声等により，保育教諭等と気持ちを通わせようとする。
　　(3) 身近な人と親しみ，関わりを深め，愛情や信頼感が芽生える。

2 内容
(1) 園児からの働き掛けを踏まえた，応答的な触れ合いや言葉掛けによって，欲求が満たされ，安定感をもって過ごす。
(2) 体の動きや表情，発声，喃(なん)語等を優しく受け止めてもらい，保育教諭等とのやり取りを楽しむ。
(3) 生活や遊びの中で，自分の身近な人の存在に気付き，親しみの気持ちを表す。
(4) 保育教諭等による語り掛けや歌い掛け，発声や喃(なん)語等への応答を通じて，言葉の理解や発語の意欲が育つ。
(5) 温かく，受容的な関わりを通じて，自分を肯定する気持ちが芽生える。

3 内容の取扱い
上記の取扱いに当たっては，次の事項に留意する必要がある。
(1) 保育教諭等との信頼関係に支えられて生活を確立していくことが人と関わる基盤となることを考慮して，園児の多様な感情を受け止め，温かく受容的・応答的に関わり，一人一人に応じた適切な援助を行うようにすること。
(2) 身近な人に親しみをもって接し，自分の感情などを表し，それに相手が応答する言葉を聞くことを通して，次第に言葉が獲得されていくことを考慮して，楽しい雰囲気の中での保育教諭等との関わり合いを大切にし，ゆっくりと優しく話し掛けるなど，積極的に言葉のやり取りを楽しむことができるようにすること。

第2 満1歳以上満3歳未満の園児の保育に関するねらい及び内容
基本的事項
1 この時期においては，歩き始めから，歩く，走る，跳ぶなどへと，基本的な運動機能が次第に発達し，排泄(せつ)の自立のための身体的機能も整うようになる。つまむ，めくるなどの指先の機能も発達し，食事，衣類の着脱なども，保育教諭等の援助の下で自分で行うようになる。発声も明瞭になり，語彙も増加し，自分の意思や欲求を言葉で表出できるようになる。このように自分でできることが増えてくる時期であることから，保育教諭等は，園児の生活の安定を図りながら，自分でしようとする気持ちを尊重し，温

かく見守るとともに，愛情豊かに，応答的に関わることが必要である。
2　本項においては，この時期の発達の特徴を踏まえ，保育のねらい及び内容について，心身の健康に関する領域「健康」，人との関わりに関する領域「人間関係」，身近な環境との関わりに関する領域「環境」，言葉の獲得に関する領域「言葉」及び感性と表現に関する領域「表現」としてまとめ，示している。

ねらい及び内容

人間関係

〔他の人々と親しみ，支え合って生活するために，自立心を育て，人と関わる力を養う。〕

1　ねらい
(1)　幼保連携型認定こども園での生活を楽しみ，身近な人と関わる心地よさを感じる。
(2)　周囲の園児等への興味・関心が高まり，関わりをもとうとする。
(3)　幼保連携型認定こども園の生活の仕方に慣れ，きまりの大切さに気付く。

2　内容
(1)　保育教諭等や周囲の園児等との安定した関係の中で，共に過ごす心地よさを感じる。
(2)　保育教諭等の受容的・応答的な関わりの中で，欲求を適切に満たし，安定感をもって過ごす。
(3)　身の回りに様々な人がいることに気付き，徐々に他の園児と関わりをもって遊ぶ。
(4)　保育教諭等の仲立ちにより，他の園児との関わり方を少しずつ身につける。
(5)　幼保連携型認定こども園の生活の仕方に慣れ，きまりがあることや，その大切さに気付く。
(6)　生活や遊びの中で，年長児や保育教諭等の真似をしたり，ごっこ遊びを楽しんだりする。

3 内容の取扱い

上記の取扱いに当たっては，次の事項に留意する必要がある。

(1) 保育教諭等との信頼関係に支えられて生活を確立するとともに，自分で何かをしようとする気持ちが旺盛になる時期であることに鑑み，そのような園児の気持ちを尊重し，温かく見守るとともに，愛情豊かに，応答的に関わり，適切な援助を行うようにすること。

(2) 思い通りにいかない場合等の園児の不安定な感情の表出については，保育教諭等が受容的に受け止めるとともに，そうした気持ちから立ち直る経験や感情をコントロールすることへの気付き等につなげていけるように援助すること。

(3) この時期は自己と他者との違いの認識がまだ十分ではないことから，園児の自我の育ちを見守るとともに，保育教諭等が仲立ちとなって，自分の気持ちを相手に伝えることや相手の気持ちに気付くことの大切さなど，友達の気持ちや友達との関わり方を丁寧に伝えていくこと。

第3 満3歳以上の園児の教育及び保育に関するねらい及び内容

基本的事項

1 この時期においては，運動機能の発達により，基本的な動作が一通りできるようになるとともに，基本的な生活習慣もほぼ自立できるようになる。理解する語彙数が急激に増加し，知的興味や関心も高まってくる。仲間と遊び，仲間の中の一人という自覚が生じ，集団的な遊びや協同的な活動も見られるようになる。これらの発達の特徴を踏まえて，この時期の教育及び保育においては，個の成長と集団としての活動の充実が図られるようにしなければならない。

2 本項においては，この時期の発達の特徴を踏まえ，教育及び保育のねらい及び内容について，心身の健康に関する領域「健康」，人との関わりに関する領域「人間関係」，身近な環境との関わりに関する領域「環境」，言葉の獲得に関する領域「言葉」及び感性と表現に関する領域「表現」としてまとめ，示している。

ねらい及び内容

人間関係

〔他の人々と親しみ，支え合って生活するために，自立心を育て，人と関わる力を養う。〕

1 ねらい
  (1) 幼保連携型認定こども園の生活を楽しみ，自分の力で行動することの充実感を味わう。
  (2) 身近な人と親しみ，関わりを深め，工夫したり，協力したりして一緒に活動する楽しさを味わい，愛情や信頼感をもつ。
  (3) 社会生活における望ましい習慣や態度を身に付ける。

2 内容
  (1) 保育教諭等や友達と共に過ごすことの喜びを味わう。
  (2) 自分で考え，自分で行動する。
  (3) 自分でできることは自分でする。
  (4) いろいろな遊びを楽しみながら物事をやり遂げようとする気持ちをもつ。
  (5) 友達と積極的に関わりながら喜びや悲しみを共感し合う。
  (6) 自分の思ったことを相手に伝え，相手の思っていることに気付く。
  (7) 友達のよさに気付き，一緒に活動する楽しさを味わう。
  (8) 友達と楽しく活動する中で，共通の目的を見いだし，工夫したり，協力したりなどする。
  (9) よいことや悪いことがあることに気付き，考えながら行動する。
  (10) 友達との関わりを深め，思いやりをもつ。
  (11) 友達と楽しく生活する中できまりの大切さに気付き，守ろうとする。
  (12) 共同の遊具や用具を大切にし，皆で使う。
  (13) 高齢者をはじめ地域の人々などの自分の生活に関係の深いいろいろな人に親しみをもつ。

3 内容の取扱い
上記の取扱いに当たっては，次の事項に留意する必要がある。
  (1) 保育教諭等との信頼関係に支えられて自分自身の生活を確立していくことが人と関わる基盤となることを考慮し，園児が自ら周囲に働き掛けることにより多様な感情を体験し，試行錯誤しながら諦めずにやり遂げ

ることの達成感や，前向きな見通しをもって自分の力で行うことの充実感を味わうことができるよう，園児の行動を見守りながら適切な援助を行うようにすること。
(2) 一人一人を生かした集団を形成しながら人と関わる力を育てていくようにすること。その際，集団の生活の中で，園児が自己を発揮し，保育教諭等や他の園児に認められる体験をし，自分のよさや特徴に気付き，自信をもって行動できるようにすること。
(3) 園児が互いに関わりを深め，協同して遊ぶようになるため，自ら行動する力を育てるようにするとともに，他の園児と試行錯誤しながら活動を展開する楽しさや共通の目的が実現する喜びを味わうことができるようにすること。
(4) 道徳性の芽生えを培うに当たっては，基本的な生活習慣の形成を図るとともに，園児が他の園児との関わりの中で他人の存在に気付き，相手を尊重する気持ちをもって行動できるようにし，また，自然や身近な動植物に親しむことなどを通して豊かな心情が育つようにすること。特に，人に対する信頼感や思いやりの気持ちは，葛藤やつまずきをも体験し，それらを乗り越えることにより次第に芽生えてくることに配慮すること。
(5) 集団の生活を通して，園児が人との関わりを深め，規範意識の芽生えが培われることを考慮し，園児が保育教諭等との信頼関係に支えられて自己を発揮する中で，互いに思いを主張し，折り合いを付ける体験をし，きまりの必要性などに気付き，自分の気持ちを調整する力が育つようにすること。
(6) 高齢者をはじめ地域の人々などの自分の生活に関係の深いいろいろな人と触れ合い，自分の感情や意志を表現しながら共に楽しみ，共感し合う体験を通して，これらの人々などに親しみをもち，人と関わることの楽しさや人の役に立つ喜びを味わうことができるようにすること。また，生活を通して親や祖父母などの家族の愛情に気付き，家族を大切にしようとする気持ちが育つようにすること。

〈著　者〉

大場　牧夫　　元桐朋幼稚園主任教諭
大場　幸夫　　元大妻女子大学学長
民秋　　言　　白梅学園大学名誉教授

事例提供／須山友枝　青柳保育園園長
　　　　　　落合照子　白梅学園幼稚園主事
　　　　　　金井玲子　池の川幼稚園主任
　　　　　　桐朋幼稚園
撮　　影／細川ひろよし
撮影協力／あおぞら幼稚園　　桐朋幼稚園
　　　　　　かぐのみ幼稚園　　港南台幼稚園
　　　　　　東京都中野区立野方ベビー保育園
　　　　　　東京都板橋区立向原保育園
　　　　　　慈愛会保育園

新保育内容シリーズ
〈新訂〉子どもと人間関係

1990年11月 8日　初版発行
2000年 3月15日　改訂版発行
2008年 9月15日　新訂版発行
2018年 3月25日　新訂版7刷
2021年 3月16日　新訂第2版初刷

著者代表©　大　場　幸　夫
発行者　　服　部　直　人
発行所　　株式会社　萌　文　書　林

検印省略

〒113-0021　東京都文京区本駒込6-25-6
　　　　　　TEL (03) 3943-0576(代)
落丁・乱丁本はお取替えいたします。　振替口座　00130-4-131092
　　　　　　　印刷　あづま堂／製本　明光社

ISBN 978-4-89347-065-2 C 3037